P♡SITIVE DISCIPLINE

Tools For Teachers

正面管教
教师工具

让学生掌握社会-情感技能、取得学业成功的 *44* 种有效方法

★ ★ ★ ★ ★

[美]简·尼尔森　凯莉·格夫洛埃尔◎著

胡海霞　胡美艳◎译

北京联合出版公司

Beijing United Publishing Co.,Ltd.

图书在版编目（CIP）数据

正面管教教师工具 /（美）简·尼尔森,（美）凯莉
·格夫洛埃尔著;胡海霞,胡美艳译 . -- 北京：北京
联合出版公司, 2020.6（2022.3 重印）
ISBN 978-7-5596-4084-0

Ⅰ . ①正… Ⅱ . ①简… ②凯… ③胡… ④胡… Ⅲ .
①班级—学校管理 Ⅳ . ① G424.21

中国版本图书馆 CIP 数据核字 (2020) 第 041855 号

POSITIVE DISCIPLINE TOOLS FOR TEACHERS: Effective Classroom Management
for Social, Emotional, and Academic Success
by Jane Nelsen, Ed.D., and Kelly Gfroerer, Ph.D.
Copyright © 2017 by Jane Nelsen and Kelly Gfroerer
Simplified Chinese translation copyright © 2020 by Beijing Tianlue Books Co., Ltd.
This translation published by arrangement with Harmony Books, an imprint of the Crown
Publishing Group, a division of Penguin Random House LLC
ALL RIGHTS RESERVED

正面管教教师工具

作　　者：[美] 简·尼尔森　凯莉·格夫洛埃尔
译　　者：胡海霞　胡美艳
选题策划：北京天略图书有限公司
责任编辑：徐　鹏
特约编辑：郝　帅
责任校对：高雪鹏

北京联合出版公司出版
（北京市西城区德外大街83号楼9层　100088）
北京联合天畅文化传播公司发行
水印书香（唐山）印刷有限公司印刷　　新华书店经销
字数258千字　　787毫米×1092毫米　　1/16　　20印张
2020年6月第1版　　2022年3月第2次印刷
ISBN 978-7-5596-4084-0
定价：45.00元

引 言

对于想给学生的人生带来变化的教师来说，最大的压力来自于他们处理学生不良行为的时候。在本书中，来自世界各地的教师们分享了书中介绍的工具能怎样节省他们的时间并减少压力——并且使管教能鼓励和帮助学生，而不再令人感到沮丧和压力。

本书将帮助教育工作者更好地理解使用奖励和惩罚办法的缺点，以及如何做才能鼓舞并激励学生。研究（包括神经学研究）表明，使用奖励和惩罚实际上降低了学生的内在动力、合作精神、自控力，以及独立解决问题的能力。正面管教能增进所有这些重要品格。

如果有其他不仅尊重学生，而且更有效的工具，大多数教育工作者都不愿意采用惩罚的方法。在本书中，我们分享的数十年的研究表明惩罚不会有长期效果，而且我们也提供了很多既尊重孩子又长期有益的正面管教工具（同样基于研究）。

下面是惩罚可能造成的长期信念和行为：

惩罚造成的四个R

1. 愤恨（Resentment）："这不公平！我不能相信大人！"
2. 反叛（Rebellion）："我偏要对着干，以证明我不是必须按他们的要求去做。"
3. 报复（Revenge）："这回他们赢了，但我会扳回来的。"
4. 退缩（Retreat）：
（1）偷偷摸摸："我下次绝不会让他抓到。"
（2）自卑："我是个坏孩子。"

一些老师的结论是，如果惩罚是无益的，那么他们就只剩下唯一一种对待学生不良行为的办法——放任娇纵。然而，这种选择可能跟惩罚一样有害。放任娇纵会招致学生产生诸如以下这些错误信念："我应该能想做什么就做什么。""我需要你来照顾我，因为我没有能力承担责任。"甚至"我很郁闷，因为你没有迎合我的每一个要求。"

"那么，"你可能会问，"如果既不能惩罚，也不能放任，那该怎么做呢？"本书中的正面管教工具会帮助你看到在奖励和惩罚之外有多少种可能性。

正面管教工具处理的不仅是行为本身，而且是行为背后的信念，并遵循下列标准：

正面管教的五个标准

1. 帮助孩子感受到连接、归属感和自我价值感。
2. 和善与坚定并行。
3. 长期有效。
4. 教给孩子有价值的社会技能和人生技能，培养孩子的良好品格：培养尊重他人、关心他人，解决问题的能力，并愿意合作。

5. 让孩子发现他们多么能干，并建设性地运用其力量为社会做贡献。

尽管正面管教工具是为了满足上述标准而设计的，然而，重要的是要理解它们都是以阿尔弗雷德·阿德勒和鲁道夫·德雷克斯的原理和理念为基础的。如果把这些工具当作"技巧"，也就是说将其背下来当作脚本，就不会有效。当你理解了作为这些工具的基础的原理时，你就能运用自己的智慧，以真诚和发自内心的关爱，将这些工具运用于不同的情景。

与提倡在教室里运用外部奖励和惩罚来激励孩子改变的行为主义者相反，阿德勒相信改变行为的最好方式是由内而外的，通过鼓励来帮助人们体验到深深的归属和连接，并通过对社会做贡献来取得平衡。没有贡献的归属感等于一种特权感。正面管教有很多通过让学生以多种方式参与——包括在生活所有方面都必需的解决问题的技能——来平衡对归属感和社会贡献的需要的工具。

根据《福布斯》杂志最近报道，企业可以向那些将纪律约束建立在相互尊重和尊严，而非惩罚基础之上的学校学习。在这篇文章中，正面管教和一所不再使用惩罚手段的高中取得的惊人成果得到了特别的肯定。华盛顿州瓦拉瓦拉的林肯非传统高中颇受媒体青睐，该校校长吉姆·施波尔勒德（Jim Sporleder）在文森特·费利蒂博士（Dr. Vincent Felitti）和疾病控制中心流行病学家罗伯特·安达（Robert Anda）的《儿童逆境研究》启发下，决定用爱与尊重而不是惩罚，来对待"行为不良"的孩子。效果非常显著：

2009～2010（采用新方法之前）

· 798天停课（学生不在校的天数）

· 50 例开除

· 600 例记过察看

2010～2011 （采用新方法之后）
· 135天停课（学生不在校天数）
· 30例开除
· 320例记过察看

三年后，林肯非传统高中的打架事件减少了75%，毕业率增加了五倍。

阿尔弗雷德·阿德勒和鲁道夫·德雷克斯主张避免运用奖励和惩罚，因为它们具有负面效果。他们是精神病学领域发展的领头人，并且是第一个关注教室里的心理学的先驱，很早就建议在教室管理中采用和善而坚定的民主领导方法。

对很多老师和学校管理者来说，这可能需要做出一个重大的模式转变，因为长期以来学校一直都依赖于运用奖励和惩罚。然而，做出这种转变会使你的课堂变得更好，并且让你作为一名教师的工作轻松很多。你会帮助你的学生们形成学习的内在动力，以及与他人合作的技能。作为结果，你的学生将学会自我管理。你就不必在贴纸图标、红灯、绿灯、黄灯或Class Dojo（行为管理软件）上再浪费时间了。所有这些都是对学生的公开羞辱。

这些奖励和惩罚不仅从长远来看是无效的，而且耗时费力。而正面管教则强调诸如班会、选择轮、解决问题的四个步骤、教室事务、积极的暂停（为了自我调节），以及"错误是学习的好机会"等工具，帮助你的学生在学校和生活中学习并茁壮成长。他们将学会在21世纪成功所需的技能，而不是只学会如何取悦老师、凑合过关或辍学。

我们听到了你的另一个辩解："我从哪里找出时间教他们社会-情感技能呢？学校要求我专注于学业课程，既要让我的学生通过考试，又因为每个人都能看到的印在报纸上并在电视里讨论的学校的分数和排名的压力。"这的确非常令人沮丧，我们希望有一天这种情况会有所改变。同时，我们能提供有趣而有效地教给孩子们社会情感技能的工具。想一想，当你的教室里全是训练有素的解决问题的能手和自律的学生，而不是为了让学生行为良好不断地运用奖励和惩罚的时候，你会省下的时间。

还要考虑这个问题：如果学生们不具备社会-情感技能，他们怎么运用学到的学业知识呢？你可能会想："显然，学生们需要社会-情感技能的学习，但那是他们父母的事情，我的职责是教学业知识。"我们不想减轻父母的责任，但学生们醒着的时候用在课堂上的时间要比用在家里的多。学校是一个社会环境——是练习社会-情感技能的完美场所。而且，那些社会-情感能力较强的学生在教室里会更合作，并且会为他们的学习环境承担起更多的责任。

正面管教与允许学生们"侥幸逃脱"任何事情无关，而是要理解学生们犯错误的根本原因（其行为背后的信念），并运用鼓励他们改变信念的工具，鼓励他们改变行为。这就意味着，要教给他们专注于解决挑战行为的技能，而不是让他们为挑战行为付出代价。这意味着要提供一个他们能感受到归属感（连接）、强烈的能力感以及贡献的价值的环境。

冰山的比喻

我们发现冰山的类比是表达阿德勒和德雷克斯的思想的一种极好方式。学生的行为就像在下一页看到的冰山位于水面之上的部分。然而，冰山隐藏在水下的部分，则代表着行为背后的信念以及行为的真正动机，那是这个学生对归属感和价值感的深层需求。

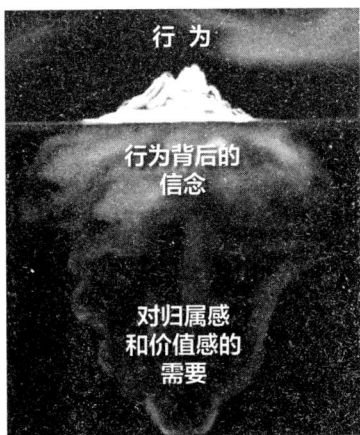

大多数课堂管理模式处理的只是行为。正面管教处理的是行为、行为背后的信念，以及帮助学生建立更健康信念的技能。

当学生行为不良时，他们通常是对于如何获得归属感有一种错误的信念。这种信念造成了老师眼里的不良行为。由于看不到行为背后的信念，有些大人就用惩罚对孩子的行为做出反应，比如责骂、羞辱或体罚。这种反应只会证实学生认为自己没有归属感的信念，从而造成一个导致更多不良行为的恶性循环。在这个循环中，学生对归属感、贡献以及能力的深层需要完全得不到解决。

阿德勒和德雷克斯教给我们："一个行为不当的孩子是一个丧失信心的孩子。"这种信心的丧失来自于孩子"我没有归属"的信念。这个结论往往会导致不良行为，因为它建立在诸如以下信念之上："只有得到大量的关注（或者"只有我说了算"或者"只有让别人像我那样伤心"或者"只有我放弃"），我才有归属感。"这些信念和行为不会带来想要的归属感和贡献的结果。这就是为什么阿德勒称之为"错误信念"的原因。维也纳精神病专家、阿德勒的弟子鲁道夫·德雷克斯进一步发展了这四种主要信念，并称之为行为的"四种错误目的"——之所以称之为"错误"，是因为真正的目标是归属，却"错"在用错误的方式来获得归属感。阿德勒和德雷克斯断言，改变行为的唯一途径是帮助个体改变其行为背后的信念。（见正文第17页开始的"理解错误目的"）

绘制目标路线图

在我们的工作坊，我们会做一个活动，叫作"两列清单"："挑战"与"品格和人生技能"，以便为老师希望自己的学生所取得的成就建立一个可视化指南。在这个过程中，我们发现世界各地的老师们都面临同样的挑战，并希望能影响他们的学生培养同样的品格和人生技能。在"挑战"清单中，老师们艰难地面对着同样的不良行为，比如：顶嘴、缺乏动力、特权、捣乱、打架、撒谎以及不听话。在"品格和人生技能"清单中，世界各地的老师都列出了责任感、诚实、自我控制力、解决问题能力、独立、适应力、合作和同情，而这只是其中的一小部分。正面管教的独特之处在于，它把每一个挑战都看作教给孩子们品格和人生技能的机会。虽然有时候看起来不大可能，但正面管教将会帮助你在处理不当行为的同时，教给孩子们人生技能和做出贡献。

站在他们的角度

在我们的正面管教工作坊和课堂上，我们通过体验式活动进行教学。老师们有机会通过角色扮演来体验学生的处境。这些角色扮演活动会帮助老师们对于哪些对学生有用以及哪些没用得到一种感觉。这个过程会帮助老师们理解，自己的话语、行为和教育方法可能会怎样起到造成或强化那些他们想要改变的不当行为的作用。当老师通过角色扮演体验到作为学生的感受时，他们就能更好地领会正面管教工具对帮助培养他们希望学生具有的品格和人生技能是多么有效。

德雷克斯指出，当学生们习惯于严格的专制规则时，改变是很难的。当学生进入一个民主氛围的教室时，由于他们不习惯承担责任或做出贡献，可能会出现一个混乱阶段。然而，这个阶段是短暂的，而教给学生合作的技能则具有长期而深远的益处。阿德勒和德雷克斯认识到，基于尊重的管教是教学生掌握解决问题的能力和其他重要人生技能的唯一途径。

本书会照顾到你在课堂中遇到的所有挑战吗？我们无法做出这种承诺，但是我们可以承诺，正面管教工具将会帮助你的学生感受到更强的归属感和贡献感，以及对自己个人能力的更强的信念。而且，每次当你的学生试探界限时，你会有工具帮助他们从错误中学习，而不是让他们因此受到惩罚。

为了鼓励你沿着正面管教之旅前行，本书为教师们提供了很多正面管教工具的解释和案例。为了强调支持阿德勒和德雷克斯原著思想的大量研究（这些思想被认为是课堂管理的最好做法），在每个正面管教工具的结尾，都有一个部分叫作"研究这么说"。最重要的是，我们精选了来自世界各地的老师在教室里应用这些工具的故事。尽管所有的老师及其故事都是真实的，但我们更改了所有学生的姓名和身份信息，以保护学生的隐私。我们希望这些老师们分享的成功经验能够激励你学习每一个工具，并且开始将正面管教运用于你自己的课堂。

目　录

第 1 章　了解你的学生

正面管教的一个独特而最重要的洞见，就是理解每一个行为背后都有一个信念。学生的所作所为，都有一个理由……

第 2 章　基础原则

鼓励、关爱、专注于解决方案、和善而坚定、花时间训练、错误是学习的好机会，是正面管教的基础原则……

第3章　建立情感连接

情感连接不但能为和善而坚定地纠正孩子从而激励其改变建立一个平台，还能造成亲密和信任……

第4章　班级管理

班会、制定班级指导原则、教给学生给予和接受致谢、父母-教师-学生三方会、让学生参与班级事务、让学生学会贡献的艺术、避免奖励，都是班级管理的重要方法……

第5章 冲突的解决

让学生参与约定的制定并将约定坚持到底，了解大脑的运行，运用选择轮和愤怒选择轮，建立积极的暂停区，教会学生运用"我"句式和解决问题的四个步骤，老师就能避免同时扮演警察、法官、陪审员和惩罚者的角色，并让孩子们学会自己解决冲突……

第6章 教师的技能

教师们需要掌握哪些技能，才能有效地教学并让自己和学生受益终生呢？

想了解更多？

致谢

第**1**章
了解你的学生

成为一个错误目的侦探

当我们了解一个人的目的以后，就大概知道接下来会发生什么。

——阿尔弗雷德·阿德勒

正如引言所说的那样，正面管教的一个独特且最重要的洞见，就是理解每一个行为背后都有一个信念。学生的所作所为，都有一个理由。阿德勒称之为"个人逻辑"。一个学生的行为对我们来说可能没有道理，但对他自己来说却是有意义的。在正面管教中，我们教成年人通过努力理解行为背后的信念，来成为"行为侦探"。

"我尊重你的学习方式，但这不包括把纸揉成一团，在教室里乱扔。"

是时候通过你的内在侦探去了解学生发送给你的信号了。这意味着，你要成为一个专注于根据线索去发现学生行为背后的信念的老师，而不是一个专注于对不可接受的行为进行不必要惩罚的老师。这意味着，你要用自己最好的教学技能去鼓励学生培养新的信念和新的行为。

"错误目的表"（第6～9页）和"错误目的线索"（第4～5页）能帮助你成为一个行为侦探大师。要用它们来解开如何鼓励一个做出挑战行为的学生之谜。

错误目的线索

1. 想一想你最近遇到的与自己学生的一次挑战。将其写下来。描述当时发生了什么，就像写电影脚本一样：你的学生做了什么？你是如何反应的？然后发生了什么？

2. 你在受到这个挑战时有什么感受？（从"错误目的表"的第2列选择一种感受）写下来。

3. 现在，将你的手指沿着"错误目的表"的同一行移到第3列，看看你在描述的挑战中的行为是否与这些成年人的典型反应相近。如果你当时的行为更符合另一行的描述，就仔细检查一下，看看第2列中是否有一行更能代表你当时的深层感受。（例如，当我们深深地感到自己受到挑战或伤害时，我们常常说自己感到恼怒，或者，当我们在权力之争中感觉受到挑战或被击败时，我们常常说自己感到绝望或无助。）你的反应是你的深层感受的一个线索。

4. 将你的手指移到第4列。这里的描述中有哪些接近这个孩子对你的反应做出的回应？

5. 现在，将你的手指移回到"错误目的表"第1列。这可能就是你的学生的错误目的。将其写下来。

6. 将你的手指向右移至第5列。此刻，你发现了可能令学生丧失信心的信念，那是其错误目的的基础。把它写下来。

7. 将你的手指移到第6列。这与你抱有的、可能促成了这个学生的不良行为的信念相近吗？（记住，这与责备无关，而是事关觉察。）在学习鼓励学生的技能的过程中，你也会改变你自己的信念！现在，就试着写一个更能鼓励学生的回应方式。你会在最后两列找到线索。

8. 将你的手指移到第7列，在这里你会找到孩子发出的为受到鼓励所需要的密码信息。

9. 再将手指移至第8列，即最后一列，以便找到一些这个学生下次再出现这种挑战行为时，你可以尝试的主意。你也可以运用自己的智慧，想一想针对第7列的密码信息该做什么或说什么。将你的计划写下来。

10. 结果怎么样？在你的日志里把你的发现和发生的事情准确地记录下来。那个学生的行为改变了吗？你自己的行为改变了吗？如果你的计划第一次没有成功，就尝试另一种工具。要确保你在试图纠正学生的行为之前，先与其建立情感连接。

另一种识别错误目的的方法，是运用德雷克斯所说的"目的揭示法"。"错误目的表"可能没有包括某个具体学生的信念，但它能够帮助你对学生的信念可能是什么做出有根据、有帮助的猜测。目的揭示的过程能够帮助你以一种与学生建立连接的方式，来确认你的猜测，因为这提供的是最深的共情方式：帮助学生感觉到被深深地理解。

目的揭示法

等到双方心情平静的时候（不要在冲突发生时），跟学生私

错误目的表

1	2	3	4	5	6	7	8
学生的目的是：	如果父母/老师感到：	而且想做出的反应是：	如果学生的回应是：	学生行为背后的信念是：	大人可能会怎样促成了问题的产生：	学生的密码信息是：	父母或老师主动的、赋予孩子力量的回应：
寻求过度关注（让别人为自己奔忙或得到特殊待待）	心烦；恼怒；着急；愧疚。	提醒；哄劝；替孩子做他或她自己能做的事情。	暂停片刻，但很快又回到老样子，或换成另一种打扰人的行为。当被给予一对一的关注时，就会停止。	"唯有当我得到关注或得到特殊服待时，我才有归属感。""唯有当我让你们围着我团团转时，我才是重要的。"	"我不相信你有能力对待失望。""如果你不快乐，我会感到内疚。"	"注意我。让我参与并发挥作用。"	通过让孩子参与一个有用的任务，转移孩子的行为，以获得积极的关注。告诉孩子你在乎他，然后说你会怎么做："我爱你，……"（例如，"我在乎你，等会儿花时间陪你。"）要避免给孩子特殊服侍。只说一次，然后就行动。要相信孩子有能力处理或解决自己的情绪。（不要替孩子解决或解救孩子）。安排特别时光。建立日常惯例。让孩子参与家庭会议或班会。运用问题解决。忽略（默默地摸孩子）。设定一些无言的暗号。

6

（续表）

1 学生的目的是：	2 如果父母/老师感到：	3 而且想做出的反应是：	4 如果学生的回应是：	5 学生行为背后的信念是：	6 大人可能怎样促成了问题的产生：	7 学生的密码信息是：	8 父母或老师主动的、赋予孩子力量的回应：
寻求权力（我说了算）	生气；受到了挑战；受到了威胁；被击败。	应战；投降；心想："你休想逃脱我"或"我该怎么收拾你"；希望自己能做对。	变本加厉；虽服从，但内心不服；看到父母或老师生气，而觉得自己赢了；消极对抗。	"只有当我说了算或没有谁能指使我时，我才有归属感。""你强迫不了我。"	"是我在控制，你必须按我说的去做。""我相信，告诉你该做什么，并且在你没有去做时对你进行说教和惩罚，是激励你做得更好的最好办法。"	"让我帮忙。给我选择。"	承认你不能强迫孩子，通过请求孩子帮助，引导孩子把权力用在积极的方面。提供有限制的选择。不要开战，也不要让步。从冲突中撤出，让自己冷静下来。坚定而和善。不说，只做。决定你要做什么。让日常惯例说了算。培养相互的尊重。让孩子帮助设立一些合理的限制。运用坚持到底。召开家庭会议或班会。

1	2	3	4	5	6	7	8
学生的目的是：	如果父母/老师感到：	而且想做出的反应是：	如果学生的回应是：	学生行为背后的信念是：	大人可能怎样促成了问题的产生：	学生的密码信息是：	父母或老师主动的、赋予孩子力量的回应：
报复（以牙还牙）	伤心；失望；难以置信；憎恶。	反击；以牙还牙；心想："你怎么能这样对我？"认为孩子的行为是针对你自己的。	反击：伤害别人；毁坏东西；以牙还牙；变本加厉；行为升级或换另一种武器。	"我没有归属感，所以我在伤心时就要伤害别人。""没人喜欢或爱我。"	"我给你建议（而不倾听）是因为我认为这是在帮你。""比起你的需要，我更担心邻居们会怎么想。"	"我很伤心。认可我的感受。"	承认孩子伤心的感受（你可能需要猜测具体有哪些感受）。不要将孩子的行为认为是针对你的。通过温和的惩罚和道歉，走出报复循环。建议你和孩子做积极的暂停，然后专注于了解孩子。运用反射式倾听。运用"我"句式说出你的感受。道歉并做出弥补。鼓励孩子长处。同等地对待孩子们。运用家庭会议或班会。

（续表）

1	2	3	4	5	6	7	8
学生的目的是：	如果父母/老师感到：	而且想做出的反应是：	如果学生的回应是：	学生行为背后的信念是：	大人可能怎样促成了问题的产生：	学生的密码信息是：	父母或老师主动、赋予孩子力量的回应：
自暴自弃（放弃，且不愿别人介入）	绝望；无望；无助；无能为力。	放弃；替孩子做他们能做的事；过度帮助；表现出对孩子缺乏信心。	更加退避；变得消极；毫无改进；毫无响应；避免尝试。	"我不相信我会有归属，所以，我要让别人知道不对我期待任何事情。""我很无助，很无能，既然我怎么做都做不好，努力也没用。"	"我期待你达到我的高期望。""我认为替你做事情是我的责任。"	"不要放弃我。让我看到如何迈出一小步。"	把任务分成小步骤。把任务变得容易一些，直到孩子体验到成功。设置成功的机会。花时间训练孩子技能，并做出示范怎么做。教给孩子技能，但不能替孩子做。停止所有的批评。鼓励任何积极的尝试。表现出对孩子能力的信任。关注孩子的优点。不要怜悯。不要放弃。真心喜欢孩子。以孩子的兴趣为基础运用家庭会议或班会。

9

下谈谈。友好的氛围非常重要。要征得学生允许你猜测他为什么要以某种方式行事。要让那个学生知道，他可以告诉你是否猜对了。（这对那个学生来说通常是一个很有趣的挑战。）要问以下问题，一次问一个。如果在任何一个问题之后，你得到一个肯定的回答或一个认同反应（例如，一个不由自主的微笑，既便嘴上说"不"——这个"不"是一种自动的否认，而微笑则表明这个学生已经在潜意识里对自己有了更深的了解），你就可以制订一个跟进计划，让这个学生的需要以一种积极并赋予其力量的方式得到满足。如果对问题没有清晰的回应，就继续问下一个问题。

1. "你做出这种特殊的行为，会不会是要引起我的关注？"（寻求关注）

2. "你会不会是想向我证明我不能强迫你按我说的去做？"（寻求权力）

3. "你会不会是感觉受到了伤害，并且想以牙还牙？"（报复）

4. "你会不会是相信你不会成功，并且不想让别人插手？"（自暴自弃）

如果学生对预示一个具体目的的问题给予了肯定的回答（或者有认同反应），以下是一些有效的回应：

1. 过度关注："每个人都想得到关注。得到关注的方式有积极的和消极的。你愿意和我一起为你制订一个计划，用对你自己和他人都积极并鼓励的方式来得到关注吗，比如做早晨的迎接员？"

2. 寻求权力："权力可以以鼓励人的方式来运用，也可以以令人沮丧的方式来运用。如果你能够以对自己和全班都有帮助的方式来运用权力，我会非常感激你的帮助。你愿意明天带领全班开班会吗？或者你愿意辅导低年级那些需要帮助的学生吗？"

3. 报复："我能看出来你感觉受到了伤害。我很抱歉。我能帮你做些什么吗？"当错误目的是报复时，认可其伤心的感受通常就足以导致其行为的改变。如果这种认可看上去还不够，可以接着说："你愿意明天和我一起再聊聊，看看我们能不能找到一个解决这个挑战的办法吗？"

4. 自暴自弃："我不会放弃你的。我非常在乎你。我们会尽一切办法帮助你成功。我来一步一步做给你看，帮助你开始。"（例如，如果孩子不会画圆圈，你要说："我来画圆圈的一半，你来画剩下的一半。"这个办法对于学生难以完成的任何学习任务都会有效。）

目的揭示法是一个强有力的工具。当老师真诚地与学生共情时，学生能体验到与深深关爱自己的老师的连接。目的揭示法能帮助你更好地理解你的学生，而学生将得到对自己的深层需要和动机的有价值的洞察。

在目的揭示过程中，老师的友好态度会表明自己有多么关爱学生。由于有效的目的揭示包括老师与学生的真正共情，以及学生的新的连接感，这个过程会增强学生的归属感和做出贡献的意识。记住，当归属感和做出贡献的意识增强时，不当行为就会减少。

工具应用实例——香港九龙

亚历克斯是一个8岁的男孩。他很聪明，但在学校却交不到朋友。大多数女孩子都离他远远的。大多数男孩子则和他打架。拒绝听从老师或父母的指令是亚历克斯的一个大问题。当他对一件事不感兴趣时，他就躲开不参加。当他因为想避免参加集体活动而在体育课上捣乱时，老师很难让他平静下来。他很擅长数学和科学课，但当他提前完成布置的作业而觉得无聊时，他就开始捣乱。他告诉我，他有时候知道自己的行为是不可接受的，但他无法控制自己的情绪。

我们的大多数老师都感觉受到了亚历克斯的挑战、被他击败了。他们更喜欢以把亚历克斯排除在集体之外的办法来对待他。他们会让他站到教室外面去平静下来；或者他们会在他干扰班里的其他人学习时，让他去做"暂停"。

我对他的行为感到很烦恼。他很聪明，知道自己在做什么。他知道什么是对和错，但他选择了不去做对的事情。他在班里给自己找了很多麻烦。考虑到他的不良行为，最终必然是没有人想成为他的朋友。

当我按照"错误目的表"进行分析时，我看到他的目的是寻求权力。他想拥有权力，"要自己说了算"。亚历克斯可能在想："老师不能强迫我听她的话。如果我能掌控，我就会感到安全和快乐。我说了算，没人能告诉我该怎么做。"

运用"密码信息"那一栏（"让我帮忙。给我选择。"）以及最后一栏的建议，我们决定让亚历克斯承担更多的责任，并鼓励他帮助别人。我和亚历克斯谈了一次，讨论了这些问题，并且请他选择几个合理的方案并尝试至少一个月。我做了第13页的表格来追踪他的行为，并且让亚历克斯在两个新的行为选项中做选择。

在接下来的几周，亚历克斯有时会做出原来的行为，我会问他："当你感到无聊时，你决定自己要做什么？"他会想起自己的选择，并且会去做。亚历克斯的行为没有变得完美，但他有了巨大的进步。他说，当他承担起这种责任时，他感觉很好、很有力量。

在教室里的问题	现在的行为	新的选择 1	新的选择 2	决定和结果
亚历克斯完成作业后觉得很无聊。	他在教室里走来走去，干扰其他同学。	他可以请老师给他更多事情做，让自己忙起来，直到全班同学都完成任务。	他可以征得老师允许，用自己的知识帮助其他同学。	亚历克斯选择了第一个选项。这使他专注地忙自己的事情，没有时间干扰其他同学了。
他不喜欢体育课的集体活动。	他跟体育老师争吵或者会跑开，离开教室或同学们。	他可以问体育老师他是否可以休息一下，并坐到集体活动之外的地方去。	他可以问体育老师，他是否可以先观察大家活动，并只有在他感觉准备好参加活动的时候再尝试。	亚历克斯选择了第一个选项。体育老师给我的反馈是：当他选择积极的暂停时，帮助他安静下来更容易。体育老师能够专注于自己的教学，不用在活动中再花时间去纠正亚历克斯或跟他争执。
他总是跟其他孩子吵架。	当同学们在小组活动中不同意他的想法时，他总是极力证明自己是对的，并且最终会和别人吵架。	亚历克斯可以先写下小组成员的主意和看法，然后在轮到他时再说出自己的主意。		亚历克斯认识到，当他写下同学们的观点，并关注彼此间的共同之处时，他就能与大多数人的看法一致。他喜欢自己能对集体有用，而不是花时间为对错争吵。

——何秀梅女士（Veronica）

学校辅导员，注册正面管教讲师

工具应用实例——佐治亚州亚特兰大

在教过三十多年来自不同背景和不同能力的学生之后，我发现能够以一种积极、鼓励、尊重的方式，对所有的孩子都起作用的方法，就是正面管教。正面管教帮助我将管教方法转向了更加关注孩子的方式。在我的教室里，我能更有效地帮助学生们找到新的、更恰当的行为，同时找到归属感和价值感了。

我在学校每天都要用到的工具，就是"错误目的表"。这个工具给我理解孩子们行为的目的——尽管有时是错误的目的——带来了很大的不同。通过理解一个孩子所选择的行为背后的信念，我能够重新引导孩子的行为，从而对孩子们、我自己以及整个班级产生积极的效果。

现在，我不会再被一个不断需要过度关注的孩子激怒，而是会看其行为背后的目的，并理解其个人逻辑和错误目的。当我被激怒时，我不会出于压力而做出反应，而是变为目的侦探，寻找孩子的不良行为中的密码信息。我认识到，孩子的行为是他在以自己的方式说："关注我，和我连接。"我有一个制胜的战术，能够迅速利用这些工具，帮助学生以积极的、建设性的方式连接，而不是继续以负面的方式寻求连接。我知道，给学生分配一件事做、让学生参与一个合作学习小组，以及花点时间单独与其沟通，都是以一种积极的方式满足其目的，并促使其改变的方式。知道一个学生行为的背后总是有一个目的，使我免于简单地做出情绪化的反应，成为孩子错误行为的一部分。相反，我能理性地进行思考，并关注那些与引发其负面行为的错误信念相反的、揭示其真实需要的线索。

——梅格·弗雷德里克（Meg Fredrick）

幼儿园老师

工具提示

1. 需要一种思维模式的转变，才能记住要处理行为背后的信念，而不是只处理行为本身。

2. 用"错误目的线索"和"目的揭示法"帮助学生体验到那种导致其行为改变的鼓励，会节约10倍的时间。

研究这么说

研究表明，那些认为自己的老师体恤自己的感受并关爱自己的学生，在学习时会更专注并且更投入。当以真正的共情来做目的揭示时，这个过程就会传递老师对学生的理解，并会帮助学生以一种长久的方式与老师建立连接。那些表现出理解并能带着共情讨论不同观点的老师，尤其会让那些来自不同文化背景的学生受益。[1]

贝蒂-欧费拉尔（Beaty-O'Ferrall）、格林（Green）和汉娜（Hanna）确认了共情的重要性，这为不当行为的目的揭示怎样能够作为与难以相处的学生建立连接并重新引导其行为的一种有效方法，提供了支持。[2]他们指出，教室里的共情是一个很大程度上被误解的概念，大多数教育工作者很难付诸实践。他们对共情的定义

---

[1] Brown, D. (2004). Urban teachers' professed classroom management strategies: Reflections of culturally responsive teaching. Urban Education 39, 266–289。——作者注

[2] Beaty-O'Ferrall, M. E., A. Green, and F. Hanna. (2010). Classroom management strategies for difficult students promoting change through relationships. Middle School Journal, March.——作者注

与关心或关爱有明显的不同；并强调了阿德勒对共情的定义："用另一个人的眼睛去看，用另一个人的耳朵去听，用另一个人的心去感受。"得到共情对待的最终的结果，就是一个人"感觉到被理解了"。这种"被理解"的感觉，对于与学生沟通并与其建立连接是至关重要的。当一个学生试图进行权力之争时，表现出共情对于传递出你对他的理解和接纳是很有效的。感觉到被理解会增强学生的归属感，这会直接影响他在学校的表现。

理解错误目的：寻求过度关注

一旦知道了孩子的错误目的，我们就能认识到其行为的目的。

——鲁道夫·德雷克斯

每个人都想得到关注。这是归属感和贡献感的需要的一部分。当一个学生（或任何人）因为具有"我只有得到关注才行"的信念，而以无意义和使人厌烦的方式寻求关注时，问题就开始了。

让其更有挑战性的是，有那么多无用的方式去寻求关注。在班里当小丑、装可怜、要求过度服侍以及大发脾气，只是得到关注的恼人办法中的几种，这是由于沮丧并导致孩子们以各种错误的方

指导顾问

BACALL

"仅仅因为你在餐厅里把午餐盘子掉到地上所有人都鼓掌，并不意味着你应该在演艺界发展。"

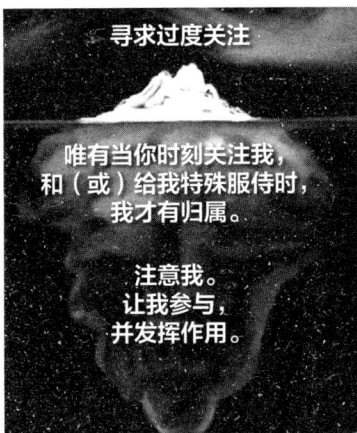

寻求过度关注

唯有当你时刻关注我，和（或）给我特殊服侍时，我才有归属。

注意我。让我参与，并发挥作用。

法来得到关注的信念所引发的。

运用"冰山"的比喻，我们对"寻求过度关注"的错误目的提供了一个概要。

对于寻求过度关注来说，其不当行为背后的信念是："唯有当你时刻关注我，和（或）给我特殊服侍时，我才有归属。"为鼓励提供线索的密码信息是："注意我。让我参与，并发挥作用。"你可以看看"错误目的表"（第6～9页）的第2栏，找出自己的感受，这是你理解学生的错误目的的第一个线索。

在下面的"工具应用实例"中，乔伊老师感到心烦、恼怒和着急，这表明学生的错误目的是寻求过度关注。在"错误目的表"中看到这些，帮助她理解了学生行为背后的信念，并在之后找到了鼓励一个严重捣乱的学生的办法。

工具应用实例——英国伦敦

2007年，我第一次发现了正面管教，当时我在纽约经营一个非营利的教育机构。我清楚地记得，那一年，当我第一次走进布鲁克林布朗斯维尔一个四年级的教室时，一把椅子从我头顶飞了过去。

教室里完全是一片混乱，大部分是由一个小男孩造成的。我的最初反应是，为了他和其他人的安全，让他到教室外面去。然而，我想起了鲁道夫·德雷克斯的一个重要教诲："一个行为不当的孩子，是一个丧失信心的孩子。"

我想到了冰山，想起了行为只是冰山在水面之上的一角。我决定去理解这个男孩行为背后的信念。通过我自己心烦、恼怒和着急

18

的感受，我意识到这个男孩实际上是在说："只有当你关注我的时候，我才有归属。"

每当他做出不良行为时，我就想象他穿着一件T恤，上面写着"注意我。让我参与，并发挥作用"。这完全改变了我的看法以及我对他的行为的反应。我没有让他到教室外面去，我的做法正好相反——我请他帮忙。

他成了我的帮手，帮我发卷子、分零食，并检查是否缺学习用具。他不仅行为有了改善，而且坚持出勤了，他甚至会早早地来到学校，问是否有什么事情他可以帮忙。现在，他在班级里有了归属感和价值感，不再需要为满足这些需求而做出不良行为了。

当我改变了我的看法和反应后，班级里的整个氛围都改变了。对于作为教育工作者的我来说，"错误目的表"改变了我的人生，我不会让任何不了解这个工具的老师进入教室。

——乔伊·马切塞（Joy Marchese），伦敦美国学校10年级教师

注册正面管教导师

工具提示

1. 要通过引导学生得到有用的关注，来处理密码信息。以下是几个例子：

· "请你帮我发这些卷子好吗？"

· "让我们来做个交易。你安静地坐着把作业做完，我们就有时间在休息时出去玩儿几分钟了。"

· "明天开始上课时，你可以用整整1分钟时间带领全班一起做鬼脸、讲笑话。"

- "今天可以由你来负责看谁需要帮助时来告诉我。"

2. "错误目的表"最后一栏列出了回应密码信息"注意我。让我参与，并发挥作用"的其他方法。

研究这么说

罗伯特·布卢姆（Robert Blum）在大量研究的基础上，总结说："学校在孩子们的生活中是仅次于家庭的最重要的稳定力量。"[1]学生们在学校里的价值感的重要性，得到了有力的科学证据的支持，这些证据表明，学生与学校情感连接的增强，会减少旷课、打架、欺凌和破坏行为的发生。另一方面，当学生们在学校体验到连接时，会增强学习的动力、课堂参与，提高学习成绩和出勤率。

---

[1] Blum, R. (2005). School connectedness: Improving the lives of students. Johns Hopkins University, Bloomberg School of Public Health, Baltimore, MD.——作者注

理解错误目的：寻求权力

通过在权力之争中什么都不做，你就会击败孩子的权力。

——鲁道夫·德雷克斯

当德雷克斯建议在权力之争中"什么都不做"时，他是什么意思呢？答案在于权力之争需要至少两个人。如果一个人决定撤出，就不会有权力之争。

要注意，德雷克斯说的不是"击败孩子"；他说的是"击败孩子的权力"。我们还知道，他的意思不是孩子所有的权力——而只是以错误观念

"现在不方便。教务主任正因为我上课打手机跟我谈话。我回头打给你。"

寻求权力

只有当我说了算，或者至少不让你指使我时，我才有归属。

让我帮忙。给我选择。

为指导的权力。

有很多方法撤出权力之争。一个例子是简单地认可学生的感受。另一个例子是说出正在发生的事情："看起来咱们陷入了权力之争。让我们等到都冷静下来吧。"另一种方法是说："跟我多说说你怎么了吧。"

一旦权力之争得以消除，继续鼓励是很重要的。由于鼓励对一个正在生气的学生可能会有帮助，所以要做的第一件事情是等待一段冷静期。（见第182页"了解大脑"，以及第196页"积极的暂停"。）

德雷克斯用一种很生动的方式描述了如何化解权力之争："别让他们的风吹到你的帆。"如果你不以负面反应来承认或认可孩子们以错误观念为指导的权力，他们的"风"就会耗尽。

同样，冰山为理解这个错误目的提供了一个形象的说明。对于寻求权力，其信念是："只有当我说了算，或者至少不让你指使我时，我才有归属。"为鼓励提供线索的密码信息是："让我帮忙。给我选择。"密码信息为引导学生以有用的方式运用他们的权力提供了两个例子。"错误目的表"的最后一栏有其他几种方法。当你在这些主意中加入你自己的心和智慧时，就会想出更多有成效地处理他们的隐藏信念的独特方法，从而帮助他们以有用的方式运用他们的权力。

工具应用实例——法国巴黎

维吉妮是我的30个学生班里的一个4岁孩子。在应该保持安静的时候，她开始唱起歌来。我微笑着让她看我们制订的班级规则。

她带着挑衅的微笑回头看着我，唱得声音更大了。

我把手指放在嘴唇上，示意她安静。但是，这不起作用。

我感觉受到了挑战，这给了我一个线索，知道她的错误目的是"寻求权力"。我决定给她一些权力，因为这似乎是她用自己的行为所要求的。我走向她，并问："维吉妮，现在怎样才能帮助你安静下来？"

她对我的问题表现出了兴趣，带着占了上风的态度说："我想让你画一张嘴，在上面打个叉。"

我感到松了一口气，她接受了我提供的权力。我决定给她更多的权力，问她想让我把这张嘴画成什么颜色。

她说："红色。"

我问她是否想去拿笔，还是应该我去拿。她决定自己去拿。我继续给她更多的权力，问她对那张纸怎么办。她想将它折起来，于是我把纸递给了她。

当我感觉我已经给了她足够的选择时，我问："你现在能安静了吗？"

她点了点头，并且再也没有干扰安静时间。

——纳丁·戈丹（Nadine Gaudin），*学前和小学老师*
注册正面管教导师

工具应用实例——厄瓜多尔瓜亚基尔

我是一个大型学前机构的校长，我们努力在班级里尝试使用正面管教工具。不久前的一天，马尔塔很沮丧地来找我，她是我们最好的老师之一（也是一名正面管教学校讲师）。她教的是5岁的孩子。这时刚到该学年的第二周，她无法跟一个小男孩建立连接。他一直到处胡闹，取笑她，并领着其他孩子捣乱。她认为他毁了她的班级活动，并且为班里的其他孩子感到难过。她已经尝试过对他好、让他承担一些特殊的责任。这些办法只会管用一会儿，然后，坏行为又会重新开始。她不知道该怎么办了。

我虽然担心，但非常信任流程，所以，我问她是否看了错误目的表。她的脸拉了下来，说："没有。我只是假定他的目的是寻求过度关注。"于是，我请她和我一起看看错误目的表，并找出了她的感受。她立刻就说："不是寻求过度关注。他的错误目的是寻求权力！我没有感到恼怒，而是感到生气和受到了挑战！"然后，她发现她的方法之所以无效，是因为她没有给那个男孩做决定的机会。她告诉我，她要让他参与一些有帮助的活动，但会让他做选择。

三天后，她来到我的办公室，满面笑容。她手里拿着错误目的表，说："这个东西真的管用！现在事情正在变好。我感到很有信心，我的那个小男孩也很开心。现在，我想和你谈谈一个女孩……"

我太喜欢这次经历了，以至于我征得她的同意，在一次关于正面管教的会上将其分享给了其他老师。我认为这将有助于老师们在匆忙下结论之前，花点时间来运用错误目的表。

——加布里埃拉·奥塔蒂（Gabriela Ottati）

德尔塔–托雷玛尔幼儿园校长

注册正面管教学校讲师

工具提示

1. 权力之争需要两个人的参与。要承担起你该负的责任，并在随后针对密码信息"让我帮忙。给我选择"做出回应。对于不到

4岁的孩子，这可能意味着用有限制的选择来让他们帮忙。对于更大的孩子，可以尝试下面这些方法中的任一种：

· "我需要你的帮助。你有解决这个问题的什么主意吗？"

· "我认为我们陷入了权力之争。让我们花点时间冷静下来，然后再试一次。"

· "你怎么理解我们之间的约定？"

· "现在对我们最有帮助的是什么？把这个事情放到班会议程上，还是用头脑风暴想出一个对我们俩都管用的解决方案？"

2. 运用"错误目的线索"（第4页）进行练习，以便更熟悉"寻求权力"的错误目的。

研究这么说

研究人员对与缺乏归属感相关的生理反应进行了研究，发现了其中一种生理反应是皮质醇分泌的证据，而皮质醇是最广为人知的参与我们的生理应激反应的荷尔蒙[①]。这项研究表明，当学生在教室里感觉不到归属感和价值感时，他们实际上会有一种战斗、逃跑或僵住的反应，因而会增加打架或陷入权力之争的可能性。研究还表明，班会能够促进归属感，因而可以作为一种帮助学生增强归属感并减轻压力的积极主动的手段。当学生体验到的压力较小时，他们就不大可能进行权力之争，并且更可能参与积极的集体解决问

---

① Dickerson, S., and M. Kemeny. (2004). Acute stressors and cortisol responses: A theoretical integration and synthesis of laboratory research. Psychological Bulletin 130, 355–391.——作者注

题。班会已经被证明能创造一种对学生的社会和情感健康，包括学业成功具有影响的积极、包容的教室氛围。此外，班会有助于避免权力之争，因为它为问题和冲突的解决提供了可控的场所。当问题出现并被放到班会议程上时，就留出了一段冷静期。[①]而且，班会鼓励老师和学生们解决冲突而不陷入权力之争，而后者在压力很大的时候很容易发生。布朗宁（Browning）、戴维斯（Davis）和雷斯塔（Resta）与20名一年级的学生开了班会，以便教给他们解决冲突的积极方法，并减少言语和身体的攻击行为。[②]这些研究人员报告说，在引入班会之前，攻击行为很常见。然而，在开过若干次班会之后，攻击行为明显减少了。

[①] Edwards, D., and F. Mullis. (2003). Classroom meetings: Encouraging a climate of cooperation. Professional School Counseling 7, 20–29.——*作者注*

[②] Browning, L., B. Davis, and V. Resta. (2000). What do you mean "think before I act?": Conflict resolution with choices. Journal of Research in Childhood Education 14, 232–238.——*作者注*

理解错误目的：报复

孩子们由于丧失信心而做出不良行为，并为了恶作剧的可疑价值而牺牲平和、愉悦和放松。

——鲁道夫·德雷克斯

理解报复有点难，因为我们太多的时候不知道它始于何处。一个学生可能因为在家里或同伴那里受到了伤害，并在之后将愤怒发泄到你身上。很多学生都经历过你不知道的严重创伤。也可能是一个学生感觉被你无意中所做的事情伤害了——即便你知道了是什么事情，你也无法理解。例如，当一位三年级的老师发现她感觉与其很亲

"好吧，我所有的考试都不及格，并且从没交过作业。那么，你想说什么？"

近的一个学生开始不理睬她时，她感到很困惑。这让她特别伤心，因为他们两家人是朋友。这位老师自愿参加了"教师互助解决问题步骤"（第287页）。在这个过程中，她发现这个学生之所以感到伤心，是因为她去度假了。这谁能猜得到呢？当她去找他谈这件事时，他哭了，说自己感到伤心是因为老师没告诉他要离开，也没说什么时候回来。要记住，信念往往是任何人都无法理解的，除了那个抱有这个信念的人之外。

当简在一所小学任教时，在一个二年级班里，所有的孩子都抱怨一个叫菲利普的淘气男孩。她在跟全班学生谈这件事时，让菲利浦去了图书室。简问大家为什么对菲利浦这么生气。他们说了他做的那些坏事和伤人的事情，比如踩塌他们建的沙堡，把他们的球抢走，使他们没法继续踢球，以及骂他们。

她问："你们认为他为什么要做这些事？"

他们提出了各种想法，认定他是一个坏孩子并且爱欺负人。最后，一个小男孩说："也许是因为他是一个被领养的孩子。"

她问："你们认为作为一个被领养的孩子会有什么感受？"

当孩子们开始共情，并说再也不能和家人在一起、搬家、换学校、没什么朋友感觉会有多么糟糕时，气氛就变了。

"你们有多少人愿意通过鼓励来帮助菲利普？"

他们都举起手来。

简请全班同学说说他们会怎样帮助他，并把他们的想法写在了黑板上。他们的想法包括课间休息时和他一起玩，和他一起走路上学，一起吃午饭，赞扬他，等等。她把自愿做这些事情的每个学生的名字都写了下来。

然后，她和菲利浦坐下来，并对他说："你的同学们告诉了我你的一些问题。你知道他们有多少人愿意帮助你吗？"

他闷闷不乐地说："也许一个人都没有。"

她说："他们每个人都想帮助你。"

他难以置信地说："每个人？"

学生们按照他们鼓励菲利普的想法去做了，而菲利普的行为也发生了巨大变化。作为一个集体，他们能够做到的事情要比一个老师能做到的多得多。

正如德雷克斯所说："孩子需要鼓励，就像植物需要水。"知道每个行为背后都有一个信念，并找出这个信念是什么，会非常有助于找到鼓励孩子的线索。

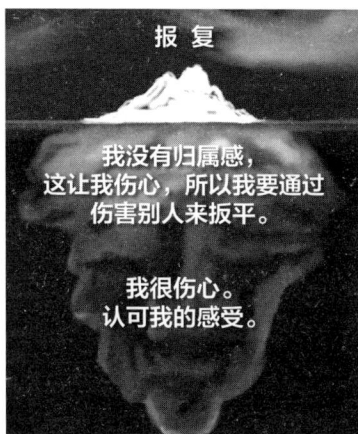

报复

我没有归属感，这让我伤心，所以我要通过伤害别人来扳平。

我很伤心。认可我的感受。

对于"报复"的错误目的来说，其信念是："我没有归属感，这让我很伤心，所以我要通过伤害别人来扳平。"为鼓励提供线索的密码信息是："我很伤心。认可我的感受。"

当然，认可寻求报复的学生的感受并不是结束。这只是开始。学生对归属感的基本需要必须得到处理，并且随后要找到问题的解决方法。

欺凌是寻求报复的学生的常见行为。下面的"工具应用实例"提供了在班会上处理学生欺凌的一个极好的例子——班会是创造归属感，同时专注于解决方案的最好方式之一。

工具应用实例 ——墨西哥库埃纳瓦卡

现在，我们学校运用正面管教已经五年多了。作为助理校长，我负责社会–情感性格发展项目。几个月前，我们发现五年级学生之间发生了一些事件，如果处理不当，有可能发展成欺凌行为。

这些学生在学校运用正面管教原则已经有一段时间了，但我们知道，欺凌可能发生在学生没有归属感的任何群体中。所以，我们决定和他们谈谈，以确保他们理解欺凌不仅和欺凌者有关，也和被欺凌者及旁观者有关。我们简要地谈了谈任何人都可能成为受害者，以及任何人都会感到丧失信心或无能为力，甚至包括欺凌者。我们让他们做头脑风暴，想出以下三种情况该怎么做的主意："如果我被欺负了，我该怎么做"，"当我知道自己在欺负别人时，我该怎么做"，"当我看到有人在欺负人时，我该怎么做"。他们提出的主意如下：

如果我被欺负了，我该怎么做

叫他们停下来。

跑开。

向一位朋友求助。

向一个大人求助。

用有力的声音告诉欺凌者："我不喜欢你这么对待我，我不允许你这样做！"

当我知道自己在欺负别人时，我该怎么做

去看心理医生。

击打沙袋或枕头。

寻求老师的帮助。

寻求一个朋友的帮助。

深呼吸。

当我看到有人在欺负人时，我该怎么做

让他们停下来。

让被欺负的人跟我们在一起。

寻求帮助。

邀请欺负人的孩子和我们一起玩。

学生们想出的这些主意非常有效，以至于欺凌事件减少了。学生们感觉到了自己的力量，并且非常投入，以至于决定在小学的所有年级里开展一次反欺凌活动，口号是"我们自己就是解决欺凌问题的方案"。我们又一次学到了不要低估学生的力量，并且永远不要忘记他们是我们解决问题的最好的资源。

——莫丽娜（Ari Hurtado de Molina），罗恩蒂尼学校助理校长

工具应用实例——佐治亚州奥古斯塔

我在学校的第一份工作，是做心理咨询老师和中学社会研究老师。那所学校是专门为有学习障碍的学生设立的一个小型学校。这所相对较新的学校里的很多学生，在他们以前的学校里都经历过很多挫败，因为那些学校没有为有学习障碍的学生服务的现成资源。在没有恰当的办法和设施的情况下，有学习障碍的学生就会有经历重大挫折和沮丧的风险。当学生们发觉老师对学生的需要感到挫败或不知所措时，真的会非常沮丧和伤心。我亲眼看到过这种结果。理解不良行为背后的目的，帮助我快速解读出隐藏的信息，并提供了他们需要的支持和鼓励。

那是刚开学的第一周，每次走过前厅的公告板时，我都能注意到上面不是什么东西被撕了，就是被随意乱涂乱画。一天下午，当学生们拥向校车时，我注意到一个六年级的学生拿着笔，一边走一边在公告板上划出了一条黑色水平线。我的第一反应（由于我对自己做的第一块公告板非常自豪）是："哼！真不敢相信他竟然这么干！"我感到很伤心。我的伤心的感受就是理解这个学生的信念的

一个直接线索：他感觉受到了伤害，想通过让别人伤心来反击。作为一个刚开始工作的学校心理咨询老师，我无法告诉你对学生的错误目的有这种洞察是多么有帮助。

第二天吃午饭时，我向六年级学生们寻求帮助。我说："我注意到前廊的公告板看上去已经有点旧了。我需要你们的帮助，想出一些怎样使公告板在这种人来人往的地方更耐用的主意。另外，我注意到有些学生没有尊重地对待这个公告板。我希望我们能一起想出一个计划，爱护我们的学校并重新布置公告板，以便学校的入口处看上去更好。"我还提到，在开学前一周，我和其他老师用头脑风暴想出了以"欢迎"作为公告板的主题，让前廊明亮起来，并在一进校门的地方欢迎每一个人。我用了"我"句式把我的感受告诉了他们："我对公告板看上去已经一团糟感到失望和惊讶。"

学生们喜欢为公告板提供想法的主意，并真的一起这么做了。六年级的学生们决定，把各年级学生在课间休息、上校车和午餐时——任何他们发现学生们很快乐的场合——的照片贴上去。他们用父母们捐赠给各班的一次性相机拍了照片。我真希望我有最终作品的照片；公告板成了学校非常棒的一个脸面，比我以前做的要好得多，而且100%是由学生们制作的。学生们感觉到了自己很能干以及与彼此的连接。

你在这个故事中能看到几个工具的运用。首先，当我注意到自己的感受时，我立刻理解了学生们行为背后的信念，并且我能确定到底发生了什么。那些在学校里感觉到伤心的学生在进行反击。我没有以惩罚、羞辱或责备作为回应，正面管教工具帮助我成了鼓励学生的人。我用"我"句式说出了自己对公告板的事情的感受。我用班级事务这个工具帮助学生们通过一起制订计划并制作一个新公告板，使他们感到自己很能干以及彼此的连接。最后，我们对如何尊重学校财物和别人的努力工作，制定了原则并达成了一致。由于学生们有了机会自己参与制作公告板，他们现在从自己的经历中知道了如果公告板遭到破坏会多么令人沮丧。制作公告板还帮助他们感觉到了自己有能力以及彼此的连接，因为他们通过共同努力和亲身参与做出了贡献。这还为这所学校里年龄更小的学生做出了团队合作的榜样。

——凯莉·格夫洛埃尔博士（Kelly Gfroerer），学校心理咨询教师
注册正面管教导师

工具提示

1. 当我们感觉受到伤害时，我们的本能反应（即便是成年人）是进行反击。
2. 要打破报复循环，并针对密码信息做出回应。例如：
   - "我猜你是因为什么事情感觉受到了伤害，并想要还击。"
   - "似乎总是你惹麻烦而别人却能逃脱，难怪你会感到生气。"
   - "你好像今天过得很糟糕。想跟我说说吗？"
   - "我关心你。为什么我们不休息一下，并在之后再试一次呢？"

研究这么说

盖尔（Gere）和麦克唐纳（MacDonald）的文章"归属感需求

的最新实证案例"总结的研究表明，当人们感觉失去连接和遭到拒绝时，他们往往会报复，并很少去寻求连接。[1]这一研究对教室管理有重要意义，并解释了一些不良行为背后的错误目的——报复的愿望。例如，一个研究小组让受试者可以选择用噪音喇叭来表达他们伤心的感受。研究人员报告说，当受试者被告知别人不想与其合作，而使他们遭到拒绝，并在之后给他们机会使用噪音喇叭时，被拒绝的受试者随即向小组中的其他人发出了更强烈的噪音。[2]

研究表明，归属感的减弱会影响人们控制自己情绪的能力，导致成功地进行人际沟通的能力的降低。这对以任务为导向的行为以及一个人的学习能力，都会产生负面影响。阿德勒和德雷克斯在很久以前就确认了"报复"的错误目的，而现在的研究支持以下结论：在感觉到被拒绝或被伤害之后，一个人可能会用报复来反击，而不是做出更有用的、亲社会的行为。

---

[1] Gere, J., and G. MacDonald. (2010). An update of the empirical case for the need to belong. Journal of Individual Psychology 66, 93–115.——作者注

[2] Twenge, J. M., R. F. Baumeister, D. Tice, and T. S. Stucke. (2001). If you can't join them, beat them: Effects of social exclusion on aggressive behavior. Journal of Personality and Social Psychology 81, 1058–1069.——作者注

理解错误目的：自暴自弃

第四个错误目的是自暴自弃，这在那些非常沮丧，以至于不再期待成功的孩子们身上会看到。

——鲁道夫·德雷克斯

那些错误目的为"自暴自弃"的学生，在学校里可能得不到你的关注。这样的学生很容易被忽视，是因为他通常不会公然做出不良行为。然而，在夜里，这种学生可能会在你脑海中挥之不去，因为你知道他需要帮助，并且你希望能有更多时间来单独帮助他们。

德雷克斯称之为"自暴自弃"（自认为能力不足），因为

"我无法说服我的老师放弃我。"

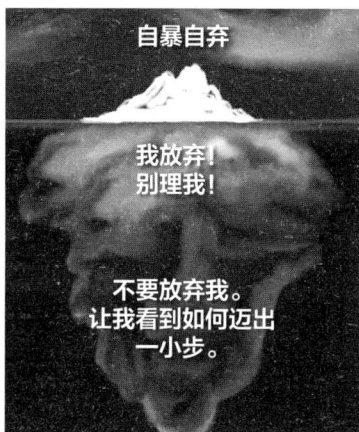

他不相信任何一个孩子会能力不足，但这种孩子可能相信就是如此，并会因此甚至避免尝试。自暴自弃的学生可能是所有学生中最丧失信心的——因为他们相信自己不可能有归属或做出贡献。这可能也是在白天对老师们最少造成挑战的一个错误目的，但当他们对鼓励这种学生感到无望时，也是最让他们沮丧的。这会变成一个恶性循环：学生放弃，并且不再尝试；老师放弃鼓励学生的努力；学生将此看作是自己没有归属的证据，并更加退缩。通常，鼓励一个错误目的是"自暴自弃"的学生，需要"整个村子的人"（以班会或全体教职工介入的方式）。就像你将在下面的"工具应用实例"中看到的那样。

对于"自暴自弃"，其信念是"我放弃。别理我。"为鼓励提供线索的密码信息是："不要放弃我。让我看到如何迈出一小步。"

工具应用实例——新泽西州莫里斯敦

在一个寒冷的二月，一名叫史蒂芬的七年级新生来到了一所全校采用正面管教理念的学校。然而，从一开始就很明显，史蒂芬在与人交往和学习上都有困难。几个学生尝试欢迎史蒂芬，并帮助他感觉舒服一些，但他的反应让大家很担心。

史蒂芬经常惹恼他的同学。他说的话让同学们感觉很不舒服，并且不知道怎么回应。史蒂芬经常在上课时睡觉。他很少做家庭作业。他在不合适的时候大声说话，说一些与课堂无关的言论。他经常抱怨说"我不会做"或者"我不懂"。他似乎常常活在自己的世界里。

史蒂芬说他从来不做家庭作业是因为他在家里没有足够安静的地方写作业。他拒绝别人帮助他解决问题的努力：即便是给他的房间添置一张小桌子或带他去买文具，也会遭到拒绝。他抗拒任何交朋友的尝试。

随着时间的推移，老师们从史蒂芬那里了解到他的家庭环境非常不稳定。史蒂芬和他19岁的姐姐关系很不好，她在很多方面可以说是他的代理父母。史蒂芬稍微有一点胖，他的大多数衣服都太小了，而且也过时了。史蒂芬看上去不对劲，做事情也不对劲。他无法融入集体，而他自己也知道。

老师们和学校员工给了史蒂芬大量额外的帮助和支持。他们尝试了用各种方法接近他，希望能让他做好自己的事。特殊教育老师开始直接帮助他，并且对其他员工进行培训。

在这所学校，全体员工每三周开一次正面管教会议。几个星期后，史蒂芬的名字出现在"教师互助解决问题的步骤"中。在听了史蒂芬的事情后，老师们看了"错误目的表"。大家痛苦地意识到史蒂芬的错误目的是"自暴自弃"。他的行为背后的信念是"我不相信我能有归属，所以，我要说服别人相信不要对我有任何期望。我无助而且无能；努力是没有用的，我从来没做对过。"

大家讨论了他们相信史蒂芬需要什么，以及他们相信他通过自己的行为实际上在说什么，那就是"不要放弃我！"大家一致认为，当他对自己、对这个世界以及对自己是否有归属感到如此沮丧时，他的学习和家庭作业就不重要了。大家一起用头脑风暴想出了每个人都同意尝试的一个计划，包括校长、老师们、厨房员工、办公室秘书和课后托管人员。这个计划如下：

1. 从斯蒂芬早上一下校车，到下午上校车回家的那一刻，他都会受到鼓励。（鼓励是正面管教的一个关键原则；英文词encouragement来一个法语词，意思是"将心给予"。）

2. 每个遇到史蒂芬的人都要认可他，并要找到一些积极的事情跟他说。

3. 教职员工将努力了解他的个人兴趣。

4. 安排史蒂芬每周两次放学后在学校待到晚上6点，进行课后辅导，不收取他的费用。他会有一个安静的学习环境，并且能够就家庭作业得到帮助。还要请他帮助年龄更小的学生。

5. 特殊教育老师会找他私下谈话，并让他知道老师们都关心他，不会放弃帮助他。

大家承诺将该方案执行一个月，并计划在下一次正面管教会议上看看史蒂芬的进步。不到两个星期，校长就发现大家都等不及在下次会议上分享他们与史蒂芬的故事了。再次开会时，他们知道了他们的鼓励计划多么有效。

史蒂芬的变化很明显。他不仅在课堂不睡觉了，而且还能积极参与。他开始笑了。他的家庭作业也开始交了，而且，他甚至要求布置一些额外作业。他的穿着也变了，并且能更好地照顾自己了。在午餐时，他和同学们坐在一起（尽管他只是坐在桌子的一头，但他在那儿）。在班里，在班会的致谢环节，同学们对他的善意行为表达了感激。他们还注意到了史蒂芬的变化，并且做出了回应。

在员工会议上，史蒂芬的母亲碰巧给校长打来电话。她已经注意到了儿子的变化，并且想知道是否能给史蒂芬每周安排五天的课后辅导。

史蒂芬现在是一个八年级的学生了。我们听到的都是他继续进步的好消息。他乐于助人，对自己的事情很有责任感，并且和其他同学一起参与午餐时间的活动。不久，史蒂芬将升入另一所学校，并继续他的人生。他肯定会经历挫折和挑战。然而，鼓励已经永远改变了史蒂芬和他的老师们的人生。鼓励、自我价值感以及对我们自己的潜力的信念，在我们的生命中是非常重要的。永远不要错过任何伸出援手去鼓励一个人的机会！

——特蕾莎·拉萨拉（Teresa LaSala）
注册正面管教高级导师

工具应用实例——埃及开罗

我的班里有一个极端暴力的孩子；他打过并咬过班里的每个人，包括他的老师。在户外活动时，他会冲出教室或离开花园。老师们会在后面追他，以免他做出任何伤到自己的事情。

我在他身上投注了很多情感——他平静的时候很善良、很有爱心，是班里最聪明的学生之一。

他往往在打过我之后给我画几张画，并告诉我他爱我。有时候，在打过或咬过人之后，他会很快跑过来并紧紧地抱住我。有时候，他会帮助其他同学解决问题。他充满了矛盾。

我找他谈过，想弄明白是什么在困扰他。我告诉他，他是我的朋友，无论他有什么感受或需要都可以告诉我。但这没任何作用。

我感到很无助。这让我意识到，他对于如何找到归属感和价值感可能感到自暴自弃。他的信念是："我没有归属，因为我不完美，所以我要说服别人别对我抱有任何期望；我很无助，很无能；我怎么做都做不对，再努力也没用。"

在和他的父母见过几次之后，我发现他父亲是个完美主义者，对家里的所有人都要求完美。如果他们没有按照他希望的方式做事，他就会向他们大喊大叫，并说他们什么都做不对。

这个孩子的密码信息是："不要放弃我。让我看到如何迈出一小步。"

我决定通过告诉这个男孩更多关于我自己的事情，与他建立更

39

多的连接。我想让他感到自在，并明白我会永远支持他。我开始给他一些有挑战的事情去做，并告诉他我完全相信他能做好。我尽量让他不停地做事情。有些老师甚至感觉我帮助他太多了。

有时候，无论我做什么，都没有任何改善。但是，用一个说出自己感受的游戏开始每一天，以便他通过告诉我他的感受来避免做出挑战性的行为，总是会有帮助。

我鼓励他做出的任何积极的努力，只关注他的长处，并鼓励其他老师和他父亲也这样做。我没有放弃他。

在我尝试了正面管教方法，尤其是"鼓励"之后，他取得的结果让我大吃一惊。他变得更平静了，并开始为自己感到骄傲。当他的父亲尝试做出一点点改变时，就使这个孩子的行为发生了极大的改变。结果，他的父亲开始在家里热心地运用正面管教工具。

到年底时，我们看到了这个可爱男孩的巨大变化。我们都很惊讶。他仍然会有一些挑战性行为，但都会很快得到解决。

——诺哈·阿代尔卡比（Noha Abdelkhabir）

幼儿园教师

工具提示

1. 下面是运用密码信息来帮助改变孩子的信念和行为，以便鼓励孩子的一些例子：
   - "尝试一小步。我会随时帮助你。"
   - "我做一道数学题，你可以做下一道。"
   - "犯错误没关系。我们就是这样学习的。"
   - "还记得你第一次尝试的时候有多难吗？现在你已经掌

握了。"

2. 有时候，在学生感觉到强烈的归属感和价值感之前，最好先忘记学习成绩。

研究这么说

研究表明，当学生在教室里感觉不到归属感和价值感时，就会影响他们的学习。在一项研究中，当受试者感觉自己受到冷落时，其认知加工和集中精力的能力都受到了负面影响。具体来说，与那些感觉到被接纳的受试者相比，他们在智力测试、复杂信息的记忆和复杂问题分析等方面表现都不那么好。[1]

此外，耶鲁大学的研究人员报告说，那些为学习创造了积极情感氛围的老师，他们的学生会感到与老师有更多的情感连接，并且更专心学习，因而，在学习上更成功。研究表明，当学生感觉不到归属感和情感连接时，他们就不大可能专心于学习，结果，学习成绩就会下降。[2]

---

[1] BBaumeister, R. F., J. M. Twenge, and C. K. Nuss. (2002). Effects of social exclusion on cognitive processes: Anticipated aloneness reduces intelligent thought. Journal of Personality and Social Psychology 83, 817–827.——作者注

[2] Reyes, M., M. Brackett, S. Rivers, M. White, and P. Salovey. (2012). Classroom emotional climate, student engagement, and academic achievement. Journal of Educational Psychology 104, 700–712. DOI: 10.1037/a0027268.——作者注

第2章

基础原则

鼓 励

一个行为不良的孩子，是一个丧失信心的孩子。

——鲁道夫·德雷克斯

本章用我们最喜欢的德雷克斯的一句话作为开始。

我们还喜欢他与此相关的另一句话："孩子需要鼓励，就像植物需要水。"鼓励是所有正面管教工具所依据的基本原则之一。正因为它是如此根本的一个原则，我们才把正面管教称为一种"鼓励模式"。

重要的是要注意到，鼓励与赞扬很不一样。赞扬是将聚光灯照在学生身上，而且传递的是大人的赞同或认可。孩子很快就

"要记住，爱德华，每一个不及格的学生，都是一个在努力破茧而出的得'优'的学生。"

会学到："如果你告诉我好，我就好。"尽管学生们可能喜欢赞扬，但过一段时间，它就会造成不安全感和依赖。

赞扬会让学生想知道："我跟别人比起来怎么样？"而不是："我怎样才能运用自己的优势帮助别人？"另一方面，鼓励教给孩子进行自我评价："我对自己和我的行为感觉怎么样？"鼓励意味着尽早把控制权移交给孩子，以便他们能有权力支配自己的生活。这意味着允许他们自己把事情想清楚，相信他们能从自己的错误中学习并矫正自己的错误。你的鼓励将帮助学生向内看，发现他们自己的优势，并找到处理学校和生活中的困难的勇气。

理解赞扬和鼓励之间区别的最好方法之一是通过体验式活动。想象你是一个学生，注意你在听到下面赞扬的话语时有什么想法、感受和决定；并与你在听到下面鼓励的话语时的想法、感受和决定进行对比。效果更好的做法，是请别人把这些话语读给你听，以便你能专心地"做学生"。（要注意，为了强调重点，有些话语是夸张的。）

赞扬的话语

- 全A！你会得到一个大大的奖励！
- 我太为你骄傲了！
- 我很高兴你听了我的话。
- 我喜欢你的做法！
- 我很高兴你听了我的建议。
- 真棒！这就是我期望的。
- 你真是个好学生。

鼓励的话语

- 你很努力，这是你应得的。
- 你一定为自己感到骄傲。
- 你对此感觉怎么样？
- 我相信你的判断。
- 我相信你能从错误中学习。
- 你自己搞明白了。
- 无论怎样，我都在意你。

这些话语中哪一句让你感觉最能鼓励你？你认为这些话语对学生的长期效果是什么？

当你和其他人一起做这个活动时，如果有人更喜欢赞扬的话语，你也不要惊讶。他们可能已经学会了成为"总是寻求别人认可到的的人"。然而，更经常的情况是，听到赞扬话语的人会说："我感觉到的是有条件的爱。"或者"这说的都是你的事。"或者"我感到要被迫满足大人的期望。"

听到鼓励话语的人通常会说："我感觉被赋予了力量去做自己，并提高自己。我感到被无条件地接纳，并受到鼓励去做得更好。"

这个练习并不是要让你在偶尔赞扬别人时担心给别人造成伤害。赞扬，就像糖果，偶尔可以享用，但多吃会不利于健康，甚至会上瘾。然而，鼓励则应该是你每天给自己和学生的"主食"。鼓励会让你的学生将他们自己看作是有能力的，并且重视的是他们的努力和进步，而不是注重完美或取悦别人。

你在注意到学生的努力和进步时所使用的语气和具体的措辞，会表明你对他们有信心。鼓励对于丧失信心的学生尤其重要。当你通过鼓励表现出对学生的信心时，你会帮助他们在内心对自己说："我能做到，我的努力很重要，而且，不断尝试的感觉很好。"

工具应用实例——加利福尼亚州山景城

太多的时候，孩子们会因为在学校里的不良行为而被停学，而不是受到鼓励去改变他们的行为。在我曾担任心理咨询老师的一所学校里，一名三年级的学生正在做注意力缺乏多动症（ADHD）评估。他在班里特别捣乱，并且快被停学了。

当他在课堂上又一次捣乱时，老师（刚开始学习如何在教室里运用正面管教）把他送到了我的办公室，并且，他妈妈也被叫到了学校。在和她聊过之后，我对这个学生有了更多的了解，我想赋予他力量。我建议不要给他停课，而要给他更多的责任，以便他锻炼自己的领导能力。

征得他母亲的允许，我让他做志愿者，在幼儿班里给我帮忙。他非常兴奋。在那里，他负责照看孩子们游戏，给小孩子们读绘本，并带领他们在自由活动之后做清理。这些事情增强了他的自我价值感、责任感和能力感。他的父母很感激我们以一种非评判的方式为他们的儿子所做的努力，我们一起努力来帮助这个孩子。

——凯伦·史密什（Keren Shemesh）博士

临床心理学家

工具应用实例——佐治亚州亚特兰大

约翰是我的班里一个5岁的男孩。拼图游戏对这个孩子来说一直很难。在努力拼一个25片的拼图时，他沮丧地说："我拼不出来！"

我们讨论了为什么这么难，回顾了拼图的方法，并和他一起做，我说了一些鼓励的话，比如："你要继续转这块拼图，直到你弄清楚它是否合适。你在坚持做一件很难的事。你很努力。"

当他完成后，我问："拼图完成了，你感觉怎么样？"

他笑容满面地说："我能再玩一次吗？"

——巴布·巴斯蒂（Barb Postich）
金斯沃德学校幼儿园老师

工具提示

1. 鼓励，关注的是努力和进步，而不是完美。
2. 鼓励教给孩子们的是自我评价（内在控制点）。例如：
   - "我看到你学得非常努力，并且感觉已经准备好了。"
   - "这对你来说很难，但你一直在坚持。"
   - "你相信自己，并想出了一个解决办法。"
   - "我感激你的帮助。"
3. 当你发觉自己在说赞扬的话语时，要将其转换成鼓励的话语。

研究这么说

教师表达对学生的信心，以及提供真实、关切和鼓励的反馈的意愿，会直接提高学生的自我效能感和学习动力。斯坦福大学教授卡罗尔·德韦克博士（Dr. Carol Dweck）发表了一项研究，表明了教师的反馈对于学生的学习动力，以及从成功和失败中学习和成长的意愿有多么重要。[1]比如，德韦克报告说，那些在完成一项任务后被赞扬聪明的学生，后来会选择更容易的任务。为了保住这种赞扬，这些学生不愿意承担犯错误的风险，他们的学习动力会降低。另一方面，那些因自己的努力而得到鼓励的学生，在面对选择时会选择更有挑战的任务，并且不害怕失败。擅长鼓励的老师关注的是努力、进步、贡献、快乐和信心。

德韦克的大量研究还表明了赞扬会怎样危害学生的学习动机和成绩。[2]他的研究证实了阿德勒和德雷克斯早在二十世纪早期就提出的关于鼓励和赞扬的教导。[3]不幸的是，在学校里，赞扬是对学生任务完成得好的一种常见回应。然而，该研究支持运用为学生的努力提供鼓励的以过程为导向的反馈。

---

[1] Dweck, C. (2006). Mindset: The New Psychology of Success. New York: Random House.——作者注

[2] BMueller, C. M., and C. Dweck. (1998). Praise for intelligence can undermine children's motivation and performance. Journal of Personality and Social Psychology 1, 33–52.——作者注

[3] Dreikurs, R. (2009). Child Guidance and Education: Collected Papers. NH: BookSurge Publishing.——作者注

关 爱

教育者最重要的任务，有人说是神圣的职责，就是确保没有一个孩子对学校丧失信心，并要确保那些入学前已经丧失信心的孩子通过学校和老师重获自信。

——阿尔弗雷德·阿德勒

阿尔弗雷德·阿德勒创造了Gemeinschaftsgefühl这个德文单词。很难为这个词找到一个英文定义，因为其含义非常多。有些人试图将其概括为"social interest"（社会兴趣）或"social feeling"（社会感受）。我们愿意将其定义为尽可能广泛意义上的"关爱"：老师关爱学生，学生

"你的心脏比常人的要稍大一点，但这是因为你是一位老师。"

51

关爱老师，学生彼此关爱，关爱他们的班级，关爱在可能的时候做出贡献，关爱这个世界的和平。然后，是很重要的部分，即通过行动来表达所有的关爱。这些行动可被称为在所有的社会情形中做出"贡献"。（见第162页"贡献"）

玛雅·安吉罗[1]曾经说过："我知道人们会忘记你说了什么，忘记你做了什么，但永远不会忘记你让他们有什么感受。"

花时间有目的地向学生表达你的关爱，会帮助他们在社会、情感和学业上茁壮成长，因为他们对归属感的基本需要得到了满足。老师们发现，当他们花时间以有意义的方式进行情感连接时，班级里的纪律问题会更少，凝聚力会更强。

我们知道你关爱你的学生，但你的学生们知道吗？如果你问他们，你可能会大吃一惊。确保把你对学生的关爱传递给他们，是建立情感连接的另一种方式——连接是预测孩子们在学校里的成功的一个重要因素（正如研究表明的那样），而且是正面管教的一个基本概念。由于孩子们的首要目标是归属和贡献，你可以把关爱称作是必须由孩子们生活中的大人满足的一个基本需要，只有这样，孩子们才能茁壮成长。

下面的第一个"工具应用实例"提供了一个很好的例子：学校心理辅导员和老师如何通过使用包括班会在内的很多正面管教工具，营造出一种氛围，使学生们可以分享一些非常私人的事情。

工具应用实例——华盛顿州西雅图

星期一，小C告诉我，他发现自己患了自闭症。我问他是想现在就把这个消息告诉同学们，还是想保密。他说他现在想保密。

---

[1]玛雅·安吉罗（Maya Angelou,1928 年 4 月 4 日～2014 年 5 月 28 日），出生于美国密苏里州圣路易斯市。美国黑人作家、诗人、剧作家、编辑、演员、导演和教师。——译者注

在接下来的一周，小C和同学之间发生了几件事，让他感到非常沮丧。我们的心理辅导老师朱丽亚特和我讨论了如果把小C的诊断告知全班同学，会让小C多么有力量以及对他多么重要。

朱丽亚特和小C在私下谈了这件事。当他第二天来到教室时，他告诉我："还记得我说过想暂时保密我得自闭症的事吗？我改主意了。"我说了他有多么勇敢，并问他想什么时候告诉大家。他说他想让我来告诉全班同学。

快放学的时候，我们像往常一样围坐在地毯上，做"周五感恩圈"活动。我是这样告诉大家的："小C有些事情想让我告诉大家。他最近检查出患有自闭症。自闭症是一种大脑差异，会以不同的方式表现出来。我最近读到的资料说，患自闭症的人就像雪花——没有两片是一模一样的。对于小C来说，自闭症意味着他有时会有沟通困难，对他人反应过激，并难以表达自己。我想赞扬小C能告诉我们他与我们的不同。我们都知道，我们与他人的差异就是我们的超能力，并且知道小C有很多令人难以置信的超能力。现在，我们把'发言石'传递一圈，并让小C知道我们在他身上看到的超能力。"对此，小C微笑着说："我没想到会这样。"

真希望你们能在场听到那些同情、欣赏和诚实的非凡话语。小C自始至终都微笑着，身姿挺拔地坐在那里。放学铃响了，学生们都没有在意，发言继续着，直到每个人都有机会认可小C的超能力。我为小C和班里的学生们感到非常骄傲。

——茱丽·克兰朵（Julie Colando），安妮女王小学四年级老师
朱丽亚特·思库格（Julietta Skoog），心理辅导教师

工具应用实例——犹他州盐湖城

罗伯特·拉斯穆森（Robert Rasmussen），被他的学生们称

为"拉斯",连续五年被高中二、三年级学生选为"年度高中教师"。学区授予他"年度教师"的荣誉称号。有一天,当拉斯不在教室时,我们问他的学生们认为拉斯为什么会得到这些荣誉。他们的回答基本上可分为三类:(1)"他尊重我们",(2)"他倾听我们",以及(3)"他喜欢他的工作"。

"喜欢这个工作和这有什么关系?"我们问道。一个学生解释说:"很多老师带着一种态度问题来工作。他们厌恶我们。他们厌恶自己的工作。他们似乎也厌恶生活。他们把气撒在我们身上。而拉斯总是很乐观。他似乎喜欢我们,喜欢他的工作,喜欢生活的方方面面——以及我们每个人。"

拉斯有一种确保将关爱(情感连接)的讯息传递给孩子们的独特方式。他在教室里放了一只泰迪熊玩具。他把这只熊介绍给他的学生们,说:"这是我们的关爱小熊。如果你们任何人感到沮丧或情绪低落,就来拿这只小熊。它会让你们感觉好起来。"一开始,学生们认为拉斯有点精神不正常。毕竟,他们都是高中二、三年级的学生,是年轻的成年人了。但是,他们很快就领会到了。每天都会有几个学生,包括身材高大的橄榄球运动员,到拉斯的讲桌前说:"我需要那只熊。"

这只熊变得如此受欢迎,以至于拉斯不得不提供更多的小熊来满足需要。有时候,孩子们会把这些小熊随身带一整天,但他们总是会把它们带回来。有时,当拉斯看到一个显得有些情绪低落的学生时,他会给这个学生扔一只熊。这是拉斯在以一种象征性的方式说:"我关心你。我现在没有时间陪你,但是,我关心你。"

工具应用实例——佐治亚州亚特兰大

那些在学校里学习成绩没有达标的孩子,进到教室的学习环境时往往会退缩和戒备。这些孩子似乎缺乏对学习群体的归属感。教一所私立学校里的一、二年级阅读成绩最差的学生，使我不仅有机会提高他们的阅读能力，而且还要解决他们潜在的对学习至关重要的社会和情感问题。这些孩子通常都很有能力，但他们的学习差异使他们在传统的阅读发展上面临着挑战。当他们的学习得到适当的指导，再加上正面管教给他们带来的归属感和支持，效果会非常明显。

尽管我每天和学生们在一起的时间很少，但我将班会作为表达关爱的一种方式，放在我们在一起时的优先位置。围成一个圆圈开班会非常重要，因为圆圈代表着每个人的平等和空间。

我相信，围成一个圆圈有两个因素对我的学生们在阅读方面的成功有直接作用。首先，在欢迎每个人加入时，我们相互问候，专注于目光接触并向对方微笑。在相互问候时，我们还握手，将触觉融入到我们的情感连接中。

这种简单的问候行为，以我从来没有预料到的方式增强了孩子们的归属感和情感连接。相互问候让我和孩子们都能集中精力，并使得学习成为可能。其次，我们在班会上练习相互致谢。孩子们致谢的一些例子是："山姆对人很善良。他非常喜欢学习，当别人有困难时他总是帮助别人。""梅格总是对人很好，脸上总是带着笑容，也总是帮助遇到困难的同学。"孩子们相互之间真诚的致谢只会帮助我们在集体中建立情感连接、归属感和信任。有了这种良好的开端，教学生们阅读就水到渠成了，我相信，没有这种每个孩子自我意识的建立，就做不到这一点。

——罗莎琳·蒂凡（Rosalyn Devine），一、二年级阅读老师

工具提示

1. 在一次教师会议上，用头脑风暴想出向学生表达关爱的方法，列成一份清单。例如：微笑、进门时问候、与学生共度特别时光、寻求学生的帮助，以及经常向他们致谢。

2. 把这份清单给每位老师复印一份，让他们放在办公桌上。

3. 经常看一看这份清单，找找每天向学生表达关爱的方式。

4. 让你的学生们列一个他们能相互表达关爱的方式的清单。

5. 请学生画一张带插图的关爱表，挂在教室里。

研究这么说

美国疾病控制中心的报告说，学校里强烈的连接感与学生成绩的提高、辍学率的降低以及学生日常出勤率直接相关。此外，那些在学校感受到连接的学生，不大可能会吸烟、喝酒、过早发生性行为、携带武器、参与暴力、出现饮食失调或情绪抑郁，或者考虑或企图自杀。[1]当老师们花时间对学生表达关爱并建立有意义的关系时，很明显会带来长远的益处。马里兰大学的凯瑟琳·温策尔（Kathryn Wentzel）博士研究了青春期孩子与他们的老师、父母以及同龄人的关系。在167名六年级学生的样本中，老师的支持是对在学校和与班级相关的兴趣的积极动机的一个预测因子。社会责任

---

[1] Centers for Disease Control. (2015). School connectedness. September 1. http://www.cdc.gov/healthyyouth/protective/connectedness.htm.——作者注

感和对目标的追求，与相互关爱的师生关系也是正相关的。[1]

其他研究也有类似发现，证明了老师与学生在信任的基础上建立关爱关系的重要性。[2]契南-莫兰（Tschannen-Moran）报告说，良好的师生关系是防止捣乱行为的关键，那些感受到老师关爱的学生会更加努力学习，并表现出更强的社会责任感。最后，那些来自低收入家庭、安全性差的学校的学生们确认，那些能最有效地处理困难问题的老师，正是那些最关爱学生的老师。[3]

本书能帮助老师们找到每天与学生进行情感连接并表达关爱的方法。研究表明，随着升入更高的年级，学生们在学校的归属感会减弱。[4]班会、放学后单独陪伴学生几分钟（特别时光），以及很多其他的正面管教工具都能帮助所有年级的学生感觉到对学生的全面成功至关重要的归属感。

---

[1] Wentzel, K. R. (1998). Social relationships and motivation in middle school: The role of parents, teachers, and peers. Journal of Educational Psychology 90, 202–209. ——作者注

[2] Tschannen-Moran, M. (2004). Trust Matters: Leadership for Successful Schools. San Francisco: Jossey-Bass.——作者注

[3] Stronge, J. H., J. M. Checkley, and P. Steinhorn. (2007). Qualities of Effective Teachers. 2nd ed. Alexandria, VA: Association for Supervision and Curriculum Development.——作者注

[4] Ryan, A. M., and H. Patrick. (2001). The classroom social environment and changes in adolescents' motivation and engagement in middle school. American Education Research Journal 38, 437–460.——作者注

专注于解决方案

有时候，通过跟孩子们一起讨论，看看他们有什么办法，问题就能得到解决。

——鲁道夫·德雷克斯

"他们的红蜡笔用完了。"

你可能听过一个故事，讲的是一个男人离开家，到世界各地去寻找财富。最后，他带着失败和绝望的心情回到了家里。有一天，在花园种花的时候，他在自家后院里发现了金子。

很多老师不知道他们在自己的教室里就有这种财富。他们要做的就是认识到这个事实，并在之后去"挖金子"。这种"金子"就是满教室的解决问题能手。需要做的就是认识到这个事实，并教给学生一些解决问题的技能，然后就看着"解决方案"的涌现。

专注于解决方案，是一项重要的人生技能，并且是正面管教的另一个基本原则。帮助学生和老师记住这个原则的一个很好的问题是：你是在寻求责备，还是在寻找解决方案？学生们喜欢做一张写着这个座右铭的海报，挂在教室里显眼的位置。然后，当有人只顾着责备时，他们喜欢提醒对方，尤其是老师们："你是在寻求责备，还是在寻找解决方案？"

有些人不关注解决方案，而是经常问："对这种行为应该用什么样的惩罚？"这是个错误的问题。惩罚是要让孩子们为他们已经做过的事情付出代价。"什么办法能够解决这个问题？"才是一个更好的问题。专注于解决方案，会帮助学生为未来而学习，而不是要求他们为一件无法改变的过去的事情付出代价。

当你刚开始"挖金子"时，要准备好面对最初的抗拒。这是正常的，因为当学生们没有得到训练，并且没有机会发现和运用他们解决问题的技能时，他们不知道自己有多么能干。如果你让学生们寻找解决方案，而他们说："我不知道。"你可以用鼓励来回应："花时间想一想。下次见面时，你可以把你想出来的办法告诉我。"

当然，如果你定期召开能让学生经常练习解决问题技能的班会，是很有帮助的。而且，如果你经常问启发式问题（见第116和第121页），你就会让学生们自己思考并寻找解决方案。

评估解决方案的一系列标准，可归纳为"3R1H"。一个解决方案应该是：

· 相关的（Related）
· 尊重的（Respectful）

·合理的（Reasonable）

·有帮助的（Helpful）

在用头脑风暴寻找解决方案之后，要看看想出的每一个主意，并问你的学生他们的解决方案是否符合上述标准。更好的办法是让学生们依次评估用头脑风暴想出的每一个解决方案，以确定哪些主意符合3R1H的标准，哪些不符合。要划掉那些不完全符合标准的解决方案。很快，对方案进行评估并找出最有效的进行尝试，就会成为你的学生们的第二天性。

我们收到过有人提出的一个代表着很多人的信念的问题："我要问一个关于惩罚打自己班同学的孩子的问题。在我工作的学校，大家无法接受打其他孩子的孩子不受惩罚。请给我举几个对打人的孩子不惩罚，并且和善而坚定地处理打人问题的校规的例子。"

对这个两难问题的回答很简单，但是，对有些人来说，如果他们还没有转变思维模式，不理解惩罚可能看上去会立即有效，但没有长远的积极效果，他们就很难理解。以你想教给孩子们的相反的做法为他们做出榜样，是没有意义的。惩罚一个伤害他人的学生是羞辱。与"让他付出代价"相比，让一个学生通过专注于一起寻找解决方案去补救他对别人造成的损害要好得多。

你有没有想过，有些大人想用伤害孩子的方法去教育孩子不要伤害他人，这有多么讽刺。同样是这些大人，很可能会同意榜样是最好的老师。然而，当他们运用惩罚时，他们做出的榜样是与他们想教给孩子的东西完全相反的。

正如我们在本书中经常说的那样，惩罚是要让孩子们为他们过去已经做过的事情付出代价。正面管教运用的是鼓励。与惩罚相比，正面管教的办法看上去是怎样的呢？以下是几种可能：

1. 认可打人的孩子的感受："你当时一定很生气。"我们知道先照顾被打的学生似乎更合乎逻辑。我们在后面会解释为什么这可能不是最好的方法。

2. 以一种和善而友好的方式问启发式问题（见第121页），以便搞清楚到底发生了什么事。

3. 接下来，转向被打的学生，问在他看来当时发生了什么。你可能会发现，那个表面上是无辜的受害者的学生，也许实际上挑起了打架。

4. 如果结果不是被打的学生引起的打架，要问打人的学生："你能做些什么来弥补？"

5. 如果两个学生都有责任，要关注解决办法："你们两个有什么解决这个问题的办法？"（见第257页的"处境相同"）

6. 另一种可能的办法，是让当事人把这个问题放到班会议程上，以便他们就如何做出弥补和解决问题得到班里每个人的帮助。

那些相信孩子必须受到惩罚的人，会继续运用惩罚。被惩罚的学生会变得越来越沮丧，甚至会变得将来更有可能打别人。惩罚无可避免地造成了一种"报复循环"。

理解了鼓励是改变未来行为的最好方式，会让老师和学生更专注于寻找真正的解决方案。专注于解决方案而不是惩罚和报复，会有助于造成和平，而且不仅仅是在教室里！

工具应用实例——肯塔基州圣凯瑟琳

作为学院春秋两个学期"班级管理：教室里的正面管教"课程的负责人，我会观察我的学生们在当地公立学校做志愿者的情况。学生们选择他们希望教的年级，在教室里协助教学。作为回报，老师们同意让我们学院的学生在课堂上教正面管教的基本活动和"成功班会的八项基本技能"。

一天上午，当我走到八年级教室门口时，这所中学的校长刚刚从教室里出来。当我走进教室时，学生们的脸色都很不好看。很快，学生们自己就开始把课桌围成圆圈，准备开班会。在感激和致谢之后，班会主持人回顾了上次班会的建议，然后问是否有人有需要讨论的事情。

教室里安静了下来。过了一会儿，我们学院的学生举手问是否有任何问题需要解决。然后，教室里又变得很安静。我又等了一会儿，最后问："我可以问个问题吗？"

"当然可以。"有人回答。

"我注意到，刚才我进来时，校长刚刚走出你们的教室。有人愿意告诉我他说了什么吗？"

"他很生气，因为我们'衣冠不整'——我们不是衬衫的下摆没掖好，就是没系腰带。"一个学生回答说。

"嗯，"我说，"谁有如何解决这两个问题的主意？"

学生们很快就进入了解决问题的模式。很多学生举手，负责记录的学生很快就在黑板上写下了解决这两个问题的很多建议。然后，学生们对三种可以尝试的解决方案进行表决：

1. 当全班同学进教室时，让两名学生站在门口，提醒那些衬衫下摆没掖好的同学将其掖进去。

2. 那些家里有多余腰带的学生可以把腰带带到学校来，放在一个专门的盒子里。同样，门口的两个学生可以提醒每个人要系上腰带。（放学时要把腰带放回盒子里。）

3. 两名学生自愿做一张海报，提醒大家"请穿校服，将衬衣下摆掖进裤子里，并系好腰带"。

班会结束后，每个人都面带微笑。学生们不仅为遵守学校的着装规定承担起了责任，还一起找到了一个相关、合理、尊重、有帮助的解决方案。

——玛丽·霍根·琼斯（Mary Hogan Jones），圣·凯瑟琳学院教授

注册正面管教导师

工具应用实例——加利福尼亚州圣地亚哥

我的特殊教育班里的一个9岁男孩，真的在学习并领会正面管教。正面管教对他的正义感似乎有强烈的吸引力。今天，这个学生很生气，因为老师要为他不尊重的行为而惩罚他，限制他课间玩耍的地方。当我问老师这件事时，她说如果他能想出解决他在课堂上不尊重的行为的办法，她愿意改变主意。

我和他坐下来一起做头脑风暴，十五分钟后，这个孩子就把想出的解决方案写了下来。他所有的解决方案都是相关、尊重、合理的，所以，我们讨论了他想先尝试哪一个。他决定，如果他的玩具汽车太吵，老师可以拿走三分钟。如果他再一次干扰了大家，他就得把玩具汽车放到自己的背包里。他把这个方案告诉了老师，那位老师同意试一试。他为自己感到很骄傲。玩具车再也没有成为一个问题。

——杰基·弗里德曼（Jackie Freedman），四、五年级特殊教育助理

注册正面管教讲师

工具应用实例——加利福尼亚州波威市

我是一名高中特殊教育英语教师。今年，我教的是九年级和十年级的学生。不幸的是，在每一学年的开始，我的课总是需要给学生分发很多资料。我在班里遇到的问题是，学生们不是把分发的资料

到处乱放，就是在分发的时候不去领，所以，他们在上课需要的时候手里却没有资料。因此，我把这个问题放到了班会议程上。我写的标题是"丢失的资料和模板"，并解释说，当学生上课没有所需的资料时，他们的学习就会受到影响。这是我——他们的老师——的担心。当学生上课没有需要的资料时，就会对教学造成干扰。我问大家："有什么最好的办法，让上课时没有我们分发过的资料的同学能有资料的副本？我需要你们的帮助，让每个人都有需要用的资料。"

在一次班会上，我们讨论了几个解决方案：（1）学生们可以去文件柜拿，假如那里有多余资料的话；（2）学生们可以和邻座共用资料；（3）在第一次发放资料时可以做好记录，如果一个学生确实领过资料但后来找不到了，他要自己负责从同学那里复印一份。

我们最终决定的是，一旦一种资料被分发给全班同学，一个学生要负责把多余的资料存放在一个单独的活页夹里，并放在教室后面。如果一个学生意识到自己没带所需的资料，他可以安静地去活页夹那里拿。如果一个学生发现自己拿走的是活页夹里的最后一份资料，他就得留一个便条。资料的复印和放进文件夹里保存，要作为一件班级事务。

这个简单的办法改变了我的课堂。学生们自取所需，而我能集中精力上课，不受那些没有必要资料的学生干扰！

——戴安娜·罗维斯基（Diana Loiewski），高中教师
注册正面管教讲师

工具提示

1. 要教给你的学生专注于解决方案，不仅在班会上，而且要

从早到晚。

2. 让几个学生制作一张海报，写下下面这些专注于解决方案的步骤：

- 确定问题所在。
- 用头脑风暴想出尽可能多的解决方案。
- 选择一个对每个人都管用的方案。
- 将这个方案试行一个星期。
- 一个星期后，进行评估。如果选择的方案不起作用，就重复这个过程，并继续尝试。

研究这么说

惩罚造成的负面效果有很多研究文献，但是，这个问题的研究大多数都隐藏在学术期刊中。[1]惩罚关注的是让学生为其做过的事情"付出代价"，而不是关注解决方案。学习理论表明了惩罚如何对学习无益，并且可能导致学生躲避惩罚者，这是一种更消极的行为，甚至是一种恐惧的情感反应。此外，研究人员还发现，用惩罚来控制课堂会导致学生内在动力的降低。惩罚，是专制教学方式的一个重要构成部分，已经被证明会在增加学生的行为问题的同时，降低学生的自律。[2]

另一方面，培养解决问题的社会和情感技能以及关注解决方

---

[1] Gazzaniga, M. S. (2003). Psychological Science: Mind, Brain, and Behavior. New York: W. W. Norton.——作者注

[2] Belvel, P. S., and M. M. Jordan. (2010). Rethinking Classroom Management: Strategies for Prevention, Intervention, and Problem Solving. Thousand Oaks, CA: Corwin Press.——作者注

案，有很多长期的好处。研究表明，那些学习自律、情绪表达、合作、分享和解决问题技能的学生，更有可能在学校的各项任务中顺利转换，并取得更大的学业成功。[①]

---

① Essa, E. L., and M. M. Burnham. (2009). Informing Our Practice: Useful Research on Young Children's Development. Washington, DC: National Association for the Education of Young Children.——作者注

和善而坚定

坚定，指的是你在一个冲突情形中的行为；支配，意味着将你的决定强加给孩子。

——鲁道夫·德雷克斯

作为一名教师，你有太和善而难以做到坚定的倾向吗？（你不想成为那些刻薄、专制的老师。）或者，你有一点太坚定，因为你认为和善会显得优柔寡断吗？（你不想成为那种娇纵学生的老师。）你倾向于和善，直到学生出现问题行为，然后又变得太坚定吗？我们很容易会陷入这种在太和善和太坚定之间反复摇

"我是克劳森太太，我是儿童早期教育硕士……还是空手道黑带。"

摆的循环之中，尤其是班里的人数较多，并且课堂充满挑战时。或者，在你可能遇到很多学生的个别挑战，让你难以承受时。

你对学生行为的反应不必是要么太和善，要么太坚定。鲁道夫·德雷克斯提倡和善与坚定并行的尊重的方法。当学生们相信，他们即便犯了错误，也会被一如既往地和善对待时，他们就会茁壮成长。同时，当他们知道既有的规则和老师的期望坚定得不可动摇时，他们就会了解规则。和善而坚定表达的是："我关心你，并且理解你，而你仍然要承担起责任。"这种一致性的回应表达的是你对学生在学校里处理艰难情形和挑战的能力的信任感。

尽管大多数教师都认可民主型领导（合作解决问题）相对于专制型的领导（"我说了算。照我说的做。"）和放任型的领导（没有组织，并且往往太娇纵）的优势，但如果没有计划，在教室里始终做到和善而坚定是很困难的。为了避免在和善与坚定之间前后不一的无效摇摆，正面管教会教一些既和善又坚定的具体话语。有些老师发现，将一些话语写在便利贴上作为一种视觉提醒很有帮助。老师们说，既便记住几个关键词句，也对他们克服在教室里始终如一地实行和善而坚定的民主领导风格的困难有帮助。这里是一些有帮助的话语的例子。要注意，有很多种方法可以用来在设立坚定的界限之前表明和善。

· 认可感受："我能看出来有事情让你生气了，而现在是做作业的时间。如果你愿意谈谈你为什么生气，放学后我有时间。"

· 表达理解："我能理解为什么你现在宁愿去干点别的，而你需要先完成作业。"

· "我"句式："你不想做家庭作业，而我不希望你考试不及格。咱们找时间谈谈你需要怎么做才能成功吧。"

· 对以前达成的约定坚持到底："我注意到你没有按时交作

业，我们约定的交作业时间是什么时候？"要和善地、静静地等待对方回答。

·提供一个选择："我知道你现在更想玩游戏，而现在是安静地做作业的时间。你想让我帮你保管手机到下课，还是你把它放回书包里？"

尽管这是一些脚本，但要记住，只有以合理的原则为基础，并且只有当你运用自己的心灵和智慧，使你说的话符合当时的情形时，这种工具才会有效。如果运用和善而坚定不起作用，有可能是你陷入了权力之争，或者是没理解学生的行为背后令其沮丧的信念。应该通过正面管教的其他工具——比如"特别时光""启发式问题"，或者通过在班会上一起解决问题——与学生建立关系。

工具应用实例——秘鲁利马

正面管教的理念——旨在运用坚定与和善并行、理解情绪、赋予孩子寻找解决方案的力量，以及将错误看作是学习的大好机会——让我看到了课堂行为管理的新方法。

我运用正面管教已经有两年了。第一年，我的同事们告诉我："当然，这对你有用，因为你的班里都是高素质的学生。"第二年，我分到一个学生很难对付的班，同事们说："现在，让我们看看你是否还能应用正面管教。"这让我更热切地努力同时做到尊重和坚定了。

到年末，同事们看到了我的班已经取得了多大的进步，而且，他们对我和学生们做的事情都很感激。他们认识到，我所做的事情（我建议过他们在自己的班里也这么做）会取得成功，因为他们看到了孩子们的积极变化。此外，那位去年接手我的学生的老师发现，孩子们不用老师说就很容易建立了惯例，他们有能力解决出现的问题并且很自律，还能以尊重和共情相互倾听。

她问我如何继续我以前开始的工作，我给她介绍了我的理解和经验。现在，她正在鼓励她的四年级的同事运用正面管教工具。

——桑德拉·科莫纳斯（Sandra Colmenares），三年级教师

注册正面管教讲师

工具应用实例——埃及开罗

初中二年级（七年级）有一个学生，他从小学起就拒绝遵守要求男生留短发的校规。他故意不遵守校规的行为，给其他学生树立了一个很坏的榜样，尤其是低年级的学生，因为他们总是在看着高年级的学生，并会按照他们做出的榜样行事。

今年，我们决定试试其他办法来让他遵守这条校规。我们先尝试了"纠正之前先连接"，并认可他的感受。我们问了一些启发式问题，探究他对学校的这个要求有什么感受，以及他为什么不想遵守这个规定。在倾听他之后，我们表达了我们对这个规定的感受，以及为什么他不遵守这个规定是个问题。在这次私下谈话之后，我们给了他一个有限制的选择：我们让他选择什么时候剃成短发来学校。

不幸的是，我们的第一次尝试没有成功，但是，我们决定继续保持和善而坚定。我们非常明确而平静地告诉他，这种情形让我们很沮丧，并且向他解释了我们会怎么做：如果他来上学时不是短发，就不能再进校门。第二天，他来了学校，又是长发，所以，我们再次问他对自己的选择的理解是什么。他承认我们已经告诉过他不是短发就不能来上学。

接下来的一天，他剪了短发来上学。他非常自豪地让我们看他

的头发，我们鼓励他做出的选择。从那以后，我们定期与他会面，看看他是否一切顺利。三个多月过去了，我们没有收到任何对他的行为的投诉。

——梅·艾尔·雅马尼（May El Yamani）

绿洲国际学校学生事务协调员

法比妮·劳雷（Fabienne Labouré），正面管教协调员

工具提示

1. 太和善是娇纵的语言，太坚定是过度控制的语言。
2. 要做到和善与坚定并行，需要思考和自我控制。例如：
   - "寻求责备很容易，而我们要关注解决方案。"
   - "我知道你更愿意把时间花在电脑上，而现在是阅读时间。"
3. 要让孩子们知道感觉他们的感受没关系，但他们并不总是做什么都可以："你可以感到愤怒，而你不能伤害别人。"（见第205页的"'我'句式"。）

研究这么说

德雷克斯运用勒温（Lewin）经典的群体动力研究来帮助教师

们培养有效的课堂领导力。[1]勒温的研究发现，民主的团队领导（其特点为自由和秩序）与专制型（盲目服从）和放任型（娇纵）相比是最佳的。[2]在此基础上，德雷克斯发展了教室里和善而坚定的有效领导技巧。勒温的研究是在爱荷华州的一个全部是男生的营地中进行的。出于这项研究的目的，营地辅导员分别经过了这三种领导风格的专门训练。民主领导风格小组的孩子们表现出了合作与分享。他们的团队工作完成得很好。在专制组中，孩子们按照小组领导规定的方式进行互动，其行为也受到小组领导的控制。放任小组的孩子则表现出相对较少的互动或合作；一段时间之后，他们被观察到在以孤立、没有情感连接的方式行事。

---

[1] Lewin, K., R. Lippit, and R. White. (1939). Patterns of aggressive behavior in experimentally created "social climates." Journal of Social Psychology 10, 271–299.——作者注

[2] Ferguson, E. D., J. W. Grice, J. Hagaman, and K. Peng. (2006). From leadership to parenthood: The applicability of leadership styles to parenting styles. Group Dynamics: Theory, Research, and Practice 10, 43–56. DOI: 10.1037/1089-2699.10.1.43.——作者注

花时间训练

安全感来自于感觉有能力有效地处理生活中可能发生的任何事情。

——鲁道夫·德雷克斯

在引言中，我们说，通过运用正面管教工具，学生们能够学会你希望他们拥有的人生技能。问题是，这需要多长时间？这个问题没有确切答案。每个学生都是不同的，而且有那么多不同的环境。然而，有些工具会立刻起作用，像魔法一样；而另一些工具可能需要更多的训练。想想任何一门学科，比如阅读。我们不会因为一年级学生达不到四年级的阅读水平而感到失望。我们知道这需要时间——以及大量的练

"学校的电脑已经用了6个月了。如果我在过时的设备上训练，怎么能指望我在职场上有竞争力呢？"

习。正如学生不可能在上过一节，或者一周，甚至一年的课之后就能掌握阅读或数学一样，学习有价值的社会和人生技能也是需要时间的。

我们知道有些教师尝试过某个正面管教工具，比如班会，并说："好吧，这不管用。忘掉那个工具吧。"同样是这些老师，他们从来不会说："我的学生们在第一天或第一周没有学会阅读。忘掉教他们阅读吧。"

简在最初教老师们开班会时，告诉老师们要"准备过一个月的地狱生活"，因为孩子们对开班会所需的责任和技能还不习惯。然后，她发现了在让学生们运用技能解决实际问题之前，花时间训练他们掌握"成功班会的八项基本技能"（见第130页）的重要性。"并不是孩子们没有准备好，而是我必须改变教学方法。"她说。这些新的方法消除了"地狱月"，并帮助学生们学会了成功的技巧。事实上，花时间训练对于很多正面管教工具都是重要的。在下面的"工具应用实例"中，你会看到角色扮演如何运用在花时间训练中。

工具应用实例——埃及开罗

2015年9月，我们学校从幼儿园到高中毕业班都采用了正面管教的方法。像在大多数学校一样，我们遇到了一些相当有挑战的情形。我们努力用正面管教来解决这些问题。

我想分享去年十一月（假期离校的前一天）在一节生物课上一个九年级学生发生的事情。这个学生在教室里四处走动，扰乱课堂秩序。老师让他回到座位上去，但他当着全班同学的面拒绝了。

为了避免权力之争，那位老师决定忽略这件事，继续上课。下课后，她要求和这个学生谈谈。我也参加了。在谈话中，我们用启发式问题问这个学生到底发生了什么。然后，我们让他参与了一个角色扮演，他扮演他的老师，而那位老师扮演他。角色扮演之后，我们问他在扮演老师时有什么想法和感受。他的老师也说了她在扮演这个学生时的感受。

这次角色扮演以及和老师的讨论让他很感动，因为这帮助他从别人（他的老师和同学）的角度理解了课堂上发生的事情。接着，我们让他想想如何弥补他犯的扰乱课堂的错误。他先承认了错误，并决定当时就向老师道歉。他还决定要给全班同学发一封电子邮件，解释当时的情形并道歉。（他想立即就发邮件，而不是等到假期结束回到学校之后。）为解决这个问题，他同意要以尊重的态度上生物课，如果他需要在上课时走动，他会尊重地与老师沟通，而不是干扰讲课。

我们一直在请这位老师定期反馈这个学生的行为，他在班里真的很努力，并且没有再干扰别人。

——梅·艾尔·雅马尼（May El Yamani）

绿洲国际学校学生事务协调员

法比妮·劳雷（Fabienne Labouré），正面管教协调员

工具应用实例——佐治亚州亚特兰大

为课堂的顺利运行制订一个精心的计划，是很多老师的一个目标。为了形成这种以学习为中心的良好运行机制，花时间训练是很重要的。根据我的经验，孩子们都想以某种方式来掌控自己的学习。由于课堂的有效运行包括很多方面，我通常会根据班级当前的需要来安排我的各种目标。

为了避免混乱，我会让孩子们在回答问题时举手，等待轮到他们。这是一个让教室不那么吵闹的好方法。但是，对那些疯狂地举手或挥手，但不是想回答问题的学生，该怎么办呢？我指的是想去

洗手间的学生。这样的孩子及其需要，可能被淹没在一片举起的手的海洋中。

为了减少这种情形及其引起的紧急情况，我让那些需要马上去洗手间的学生竖起大拇指示意。这是一个让我知道一个学生需要去洗手间的直接的无言信号。对他们来说，知道去洗手间并不是那么严格地限制在上午十点左右和午休期间，也会感觉更轻松。

由于我花时间教给了孩子们这个竖起大拇指的无言信号，我还没有看到这个方法被滥用。一开始，有些孩子可能想试试这个"神奇的信号"。但是，在花时间训练和练习之后，这已成为增强学生的主人翁意识和责任感的教室规则的一部分。

——帕蒂·施帕尔（Patty Spall），圣尤达使徒天主教学校
一年级教师

工具提示

1. 正面管教会因缺乏训练而失败，班会就是一个很好的例子。"成功班会的八项基本技能"（见第130页）为学生提供了成功所需的训练。

2. 在处理真正的问题之前，要和学生一起花时间练习每一项技能。

3. 要用"虚构"但典型的问题做角色扮演，作为一种好玩的练习方式。

4. 有些技能可能需要几天或几周才能熟练掌握。其他的技能可能只需要一两天。

5. 当事情进展不顺利时，要鼓励学生从错误中学习。

研究这么说

埃默（Emmer）和斯托（Stough）回顾了"有效教学原则"的大量研究。[1]这些研究包括各种不同类型的班级和课程，很多学生来自较低的社会经济阶层。这些研究的结果表明，在学年之初，有效的老师会花时间详尽地解释对学生的期望和课堂教学过程。他们会认真计划并教给学生班级活动的常规和过程，即便要花几个星期的时间。有效的老师会随时注意学生的行为，并根据需要花额外的时间让每一个学生理解对他们的期望及课堂教学过程。对花时间训练的这种重视会给整个学年带来更积极的氛围，并增进学生的合作。

---

[1] Emmer, E. T., and L. Stough. (2001). Classroom management: A critical part of educational psychology, with implications for teacher education. Educational Psychologist 36, 103–112.——作者注

错误是学习的好机会

人都会犯错误。将你的错误看作是不可避免的，而不是感到内疚，你就会学得更好。

——鲁道夫·德雷克斯

我们犯的错误本身，不如我们在之后如何对待它更重要。

——鲁道夫·德雷克斯

"好吧，我在误差允许范围内吗？"

学生们可以被教会对自己犯的错误感到羞耻，或者他们也可以被教会对错误所呈现出的学习机会感到兴奋。前者会导致自卑以及对学习的恐惧。后者会让学生自信、能干、抗挫折。

我们有太多的人在成长过程中都相信犯错误是可耻的，因此会决

78

定做以下一件或几件事情：

1. 因为害怕犯错误而不承担风险。
2. 如果你犯了一个错误，要尽量掩盖它——即便这意味着撒谎。
3. 要找借口，更好的办法是归罪于别人。
4. 变成完美主义者，强迫自己不犯错误。
5. 认定自己不够好，因为不够完美。

想象一个把错误看作是学习机会来庆祝并欢迎的教室。在这个教室里，学生们说出自己所犯的错误以及从中学到了什么，感觉很安全（甚至是被鼓励的）。当所犯的错误造成问题时，学生们被鼓励专注于解决方案。当所犯的错误伤害别人的感情时，学生们（和教师）可以用"矫正错误的四个R"来做出弥补：

1. 承认（Recognize）。承认你犯了一个错误。感受那种尴尬，然后就放下。
2. 承担责任（Responsibility）。对自己的错误承担责任，而不是自责或感到羞愧。
3. 和好（Reconcile）。通过道歉和好。（当别人，包括大人，愿意道歉时，学生们是非常宽容的。普遍的回答是："没关系。"）
4. 解决（Resolve）。通过专注于未来的解决方案，来解决问题。

那些花时间庆祝并说出自己犯过的错误的老师，会帮助学生培养一种健康的心态，以及让他们受益终生的技能。

工具应用实例——韩国杨平郡

有一天，我的一个学生无意中撞在了课桌上，很多学习用品掉下来撒了一地。我很生气，正准备斥责他。可是，在我开口之前，几个学生就到他的桌前帮助他收拾掉出来的东西。这个学生感谢了朋友们的帮忙。

一个学生告诉我："我们班不责备，不羞辱。但是，当一个人犯错时，我们会相互帮助。"

学生们教给我的，正是我一直在教给他们的，我很后悔刚才差点因为一个简单的小错误而责备一个学生。

——金姓焕（Seonghwan Kim），贤佑小学六年级教师

注册正面管教导师

工具应用实例——法国巴黎

我正在帮助一位老师在其9岁孩子们的班里实施正面管教。那一天，当我到学校时，操场上的所有小女孩就像小鸟一样向我跑了过来（当时是课间休息时间），叽叽喳喳地告诉我班里有个小偷。我建议我们在班会上讨论这件事。

在班会上，他们解释说有一个小偷偷走了"积极暂停角"里的球。所以，我问他们："当我们犯了一个错误时，我们会变成自己犯的那个错误吗？"

他们异口同声地回答："不，我们不会！"

然后，我说："当你们说有个小偷时，就是在说那个人就是他犯的错误。可是，错误是那个人所做的事情，而不是他本身。如果有人偷了球，你们认为他会有什么感受？"

他们回答说，那个人一定感觉很糟糕，而且一定特别后悔那么做。

我正要建议那个孩子在没人看见的时候把球还回来，这时，让大家惊讶的是，一个男孩举起手里的球说："是我拿的。对不起。"

其他孩子都看着他，说："哇，你真的很勇敢。谢谢你把球还回来。"

他说："我真的很喜欢这个球，现在我认为那样做不好。"

我很敬畏地看到这个孩子在教室里感到足够安全，来承认自己的错误。他知道犯错误是一个学习的机会，并且他能矫正错误。

——纳丁·戈丹（Nadine Gaudin），学前和小学教师
注册正面管教导师

工具应用实例——华盛顿州西雅图

我想分享一个为犯错误道歉的故事。在"教室里的正面管教"课上，我们讲过道歉，并让学生们知道了老师也会犯错误以及不能总是保持冷静的事情。那天晚上，我有一场四年级和五年级的非洲鼓音乐会，并且在此前的音乐课上一直在和学生们一起排练。我的学生里最有才华的一个四年级男孩，也是非洲鼓首席鼓手，没有认真对待我们的排练。他不好好排练，出洋相，并且最终干扰了全体同学。表演开始之前，我实在受不了啦，把他叫出来，站到了全班同学面前。我一开始当着大家的面羞辱他，就看到他极为震惊。我知道我犯了一个错误。我们完成了排练，他做得很好。下课前，我把他拉到一边，并说："我向你道歉，不该把你叫到全班同学面前。你一直都很努力，是我失去了耐心，我不应该那样做。"

他立刻笑了，并且说："不，我没有按要求做，我本来能做得更好。"

我回答说："是的，你能做得更好，但我还是要为自己处理这件事的方式道歉。"

就在那一刻，我们一直在讨论并练习的东西终于让我恍然大悟了——不只是和这个四年级的孩子，还包括和其他很多学生。在发

怒之前，我要让自己停下来，或者深呼吸，并想想这个孩子。

——特里西娅·希尔（Tricia Hill），伍德赛德小学音乐老师

注册正面管教导师

工具提示

1. 真正的管教会帮助孩子们从他们的错误中学习。惩罚是让孩子们为他们的错误付出代价。

2. 把"矫正错误的四个R"（见第79页）张贴出来，让学生们能运用它们练习以尊重和鼓励的方式从错误中学习。

3. 跟学生们分享你在犯了一个错误后遵循"矫正错误的4个R"的经历。

4. 如果一个学生犯的错误需要做出弥补或找到一个解决方案，要让这个学生参与制订一个做出弥补的最好办法的计划，或者用头脑风暴想出解决方案。

5. 跟学生分享一些伟人犯错误并从中学习的鼓舞人心的故事，比如托马斯·爱迪生，据报道，他曾经说过："我没有失败，而是发现了一万种不管用的方法。"

6. 每周一次，在班会上顺着圆圈传递发言棒，并让学生们说说自己犯的一个错误，以及他们从中学到了什么。

研究这么说

卡罗尔·德韦克是斯坦福大学的教授和研究人员，她深入地

研究了学习与处理错误和失败之间的关系。[1]在研究中，德韦克发现，与那些因为害怕犯错而回避困难任务的学生相比，那些把错误看作是学习和成长机会的学生，从长远来看更成功。德韦克指出，那些被教给把错误当作机会来欣然接受的学生，会制订通向更高的学业和个人成功的方法。这些学生似乎有更高的自我效能感，以及承担更艰巨任务的动力。

科内尔（Kornell）、海斯（Hays）和比约克（Bjork）的报告指出，当错误被看作是学习的机会时，那些在考试中出现错误的学生会加强学习。[2]他们的发现表明，接受更有挑战的任务——以及犯错误——实际上提供了更深入学习的机会。其他研究人员也确认了犯错误在培养自律过程中的重要作用。[3]为了成长和学习，学生们需要被允许犯错误。

---

[1] Dweck, C. (2006). Mindset: The New Psychology of Success. New York: Random House.——作者注

[2] Kornell, N., M. Hays, and R. Bjork. (2009). Unsuccessful retrieval attempts enhance subsequent learning. Journal of Experimental Psychology 35, 989–998. DOI: 10.1037/a0015729.——作者注

[3] Freiberg, H. J., C. A. Huzinec, and S. M. Templeton. (2009). Classroom management—a pathway to student achievement: A study of fourteen inner-city elementary schools. Elementary School Journal 110, 63–80.——作者注

第**3**章
建立情感连接

A.BACALL

纠正之前先连接

鼓舞信心，造成一种亲密无间的感觉并将纠葛视为需要理解和改进的课题而不是鄙视的对象，这样做所产生的有益影响会超过其可能造成的任何伤害。

——鲁道夫·德雷克斯

我们从哪里得来一个疯狂的念头，认为要激励孩子们做得更好，就先要让他们感觉更糟？不幸的是，这仍然是太多的父母和老师在试图激励学生改善他们的行为和学习时所采用的方式。

让孩子们感觉更糟会造成疏远和敌意，而且不能改善其行为。研究清楚地表明，情感连接

"我和阿德勒通灵了。他说，如果想做一名好老师，就不要教读和写。要教学生。"

87

不但能为和善而坚定地纠正孩子从而激励其改变建立一个平台，还能造成亲密和信任。我们都知道孩子们在感觉更好时会做得更好！当学生们感觉到连接和自己的能力时，他们才能够学习。阿尔弗雷德·阿德勒称之为对归属感的需要——这是所有人的首要目标。

有人认为，在学生做出不良行为之后帮助他们感觉好起来，将会"投其所好"，并强化其不良行为。这是因为他们误解了"帮助他们感觉好起来"的意思。帮助他们感觉好起来，并不意味着让步或娇纵，也不意味着在权力之争中输掉，而是意味着要理解大脑是如何工作的，并理解学生需要感觉到安全感和被尊重，才能接通负责理性思考的前额叶皮层。这是要"赢得学生"，而不是"赢了学生"。

连接——帮助学生感觉到安全和被尊重——是正面管教的一个基础工具，因而也是很多工具的基础。我们想从用拥抱来建立连接的几个例子开始。拥抱对于高年级的学生可能看上去不适合，但碰拳、击掌或者认可感受能传递同样的信息；与高年级学生连接的其他方法会在后面的应用实例中介绍。

工具应用实例——俄勒冈州波特兰

史蒂文·福斯特是一位特殊教育老师，他分享了两个关于拥抱的故事：

拥抱的故事（一）

今天，一个4岁的男孩生气地跺着脚从美术桌前跑开了，大喊着说他"气疯了、烦、不高兴"。我的助教跟着他去了我们的放松垫，他在垫子上把自己裹在了一个毯子里，这时，他只是踢着垫子，而且，喊叫变成了没有具体内容的乱叫。他拒绝和助教老师说话，只是继续尖叫着。

我坐到了他身边，轻声说："我需要一个拥抱。"

他继续尖叫着、扭动着身子。

大约15秒后，我又说："我需要一个拥抱。"

他停止了尖叫和踢打，但仍然背对着我。

又过了10秒钟，我说："我需要一个拥抱。"

他犹豫了很长时间，转过身来，爬上我的膝盖，拥抱了我。我问他是愿意自己回到美术桌那里，还是想让我和他一起回去。他让我跟他一起回去。他回到了美术桌，开心地画完了，然后离开了那里。

拥抱的故事（二）

在我的3～6岁孩子的社会技能课上，莱恩整个上午都很糟糕：他一再打其他孩子，让大人闭嘴，上课时跑开，等等。

到下午快放学的时候，我把他拉到一旁，告诉他这一天他看起来过得很糟糕：孩子们冲他发火，他让大人们闭嘴。可以想见，他又一次让我闭嘴。

我问他是不是家里发生了让他很烦恼的事。

"闭嘴！"

我说，我真的想帮助他，但不知道该怎么做。

"闭嘴！"

我问他是否想要一个拥抱。

"不！"

我说："嗯。你感到很烦，你不想要一个拥抱。你知道怎么着？我可以要一个拥抱。你会给我一个拥抱吗？"

他盯着我看了很久。

我没有说话。

他扑到我的怀里，紧紧地抱住了我。

"哇！多么好的一个拥抱啊！我可以再要一个这样的拥抱。"

他又给了我一个拥抱。而且，我们去吃了一些零食。他的生活仍然处于混乱中。但是，他在课上的最后10分钟很顺利。拥抱是一个很有力量的工具，即便在不发脾气的时候。

——史蒂文·福斯特（Steven Foster），特殊教育老师

注册正面管教高级导师

《特殊需求孩子的正面管教》合著者

工具应用实例——加利福尼亚州圣拉蒙

班里有个学生很难保持专注。他经常做出无礼的举动，还经常开小差。

我每天都努力与他连接。我在门口迎接他，看他做得怎么样，和他聊一些与课堂无关的话题。渐渐地，我跟他建立起了一种关系，使我能够客观地讨论他在课堂上的态度，而不是给他留下是对他的威胁或否定的印象。

——沙宁·麦卡威什（Shanin Mckavish），高中教师

工具应用实例——加利福尼亚州圣地亚哥

我发现"纠正之前先连接"这个概念特别有效，并记得这个概念有很多次帮助我保持了冷静，从而成功地帮助孩子们保持了冷静。

例如，我的一个特殊教育走读生是个10岁的女孩，有一天，她决定自己在课间休息后不排队了。她不仅拒绝排队，还决定要坐在走廊上，这是不允许的。

我本来会大声吼叫并威胁她。但是，我选择弯下腰来，到她眼睛的高度看着她，把交叉的双臂放下来，对她微笑。然后，我问她为什么不和其他孩子一起排队。她回答说她"不乐意"。

我问她是否在生一个朋友的气，她证实了我的猜测。

我认可了她的感受，告诉她我在她这个年龄时也和我的朋友吵过架。然后，我问她需要怎样做才会感觉好起来。

她说她希望能跟她的朋友谈谈并做出弥补。

我安慰她说，当我们回到教室后，她们可以讨论一下这件事。

当我们回到教室后，她和她的朋友到教室外面去谈了。没到5分钟，她们就回来并准备好上课了。

——杰基·弗里德曼（Jackie Freedman），四、五年级特殊教育助理

注册正面管教讲师

工具应用实例——加利福尼亚州圣地亚哥

一个学生穿了一件腋下开口很低的上衣来学校——这种宽松上衣不适合上学穿。校长得知后，来到了班里。

学生：哦，我有麻烦了吗？

校长：不，你没有麻烦。你今天看起来很可爱。

学生：谢谢。

校长：你穿的上衣很可爱。只是对于上学来说有点露。

学生：哦。我可以套上网球服。

校长：那就太好了。

校长没有斥责学生，而是和她进行了令人愉快的连接，然后逐渐地让她知道穿这样的衣服上学不合适。这位平时叛逆的学生自己得出了如何纠正这个问题的结论，并心甘情愿地以积极的态度去做了。

——谢瑞·约翰逊（Sheri Johnson），健康科学高中学院校长

工具提示

1. 纠正之前先连接，是鼓励学生行为改变的最好方式。例如：

连接：我看到你很沮丧，并且很生气。

纠正：感觉你的感受没关系，但打人是不可以的。你有其他做法吗？

连接：我很在意你要说的话。

纠正：让我们找时间一起坐下来，用头脑风暴找出对每个人都尊重的解决方案。

2. 看看"班会"（见第129页），那是帮助孩子们获得一种全面的连接和归属感的最好方式之一。

研究这么说

对学生与学校情感连接的研究，已经进行了几十年，研究表明，在学校里的正面连接是影响学业成绩的一个首要因素。与在校园建立连接相关的研究，特别确认了老师与学生关系的重要性。《全国青少年健康纵向研究报告》显示，与学校的连接是避免学生产生负面行为的最强有力的因素。[1]这项研究包括了36,000多名初

---

[1] Resnick, M. D., P. S. Bearman, R. W. Blum, K. E. Buoman, K. M. Harris, J. Jones, J. Tabor, T. Beuhring, R. E. Sieving, M. Shew, M. Ireland, L. H. Bearingere, and J. R. Udry. (1997). Protecting adolescents from harm: Findings from the National Longitudinal Study of Adolescent Health. Journal of the American Medical Association 278, 823–832.——作者注

中和高中学生。该研究的发现表明，与学校的连接和减少吸毒、酗酒、过早发生性行为、暴力，以及很多其他风险行为都有关。还有一些研究表明，与学校的连接和健康的自尊、自我效能、乐观以及积极的同龄人关系是正相关的。[①]在一项相关研究中，根据学生与学校的连接水平，对476名六年级和七年级的青春期孩子进行了跨度为一整年的评估。结果表明，与学校较好的情感连接会抵消负面家庭关系对男生和女生造成的不良影响。而且，与学校的情感连接减少了女生有时会出现的学习不努力现象。也就是说，那些有学习不努力倾向的女生在感到与学校的情感连接时，会更努力地学习。当教师在纠正学生之前先花时间进行连接时，其好处是很长远的。学生的学习动力、自律以及对学校的态度都会改善。

---

① Loukas, A., L. Roalson, and D. Herrera. (2010). School connectedness buffers the effects of negative family relations and poor effortful control on early adolescent conduct problems. Journal of Research on Adolescence 20, 13-22.——作者注

问 候

如果一位老师在入学第一天站在门口并当面问候每个学生，他就有了一个赢得学生的机会。

——鲁道夫·德雷克斯

"哎呀，哎呀，太好了，你们今天都来了！"

在门口问候进教室的学生，是一个不应该被浪费的机会。一个六年级学生告诉我们，她清楚地记得从幼儿园到六年级哪些老师问候过她，哪些没有。

你会注意到，很多正面管教工具和其他工具结合使用效果会很好。"问候"与"纠正之前先连接"和"特别时光"这些工具的根本目的是相同的，因为能帮助学生立刻感觉到你对他们多么关爱。对有些学生来说，你早上的问候可能会让他们在学校一整天的状态完全不同。

问候你的学生可能是有传染性的——按照你的榜样，学生们会开始相互问候。实际上，早晨的问候可以作为学生们轮流承担的班级事务。根据年级的不同，向学生们示范早晨积极、关爱的相互问候方式（如果学生们需要练习，甚至要做角色扮演），可能是一个重要的步骤。

研究表明，当老师抽出几分钟和学生建立连接时，学生们会更专心学习。

工具应用实例——北卡罗莱纳州罗利市

每天早上，在开始上课前大约二十分钟，我会为学生们和访客扶着打开的校门。我就有了一个机会用微笑和眼神问候学生。有时候，我们说："早上好。""谢谢你。""欢迎你。"有时候，我们只是互相点点头。但是，扶着校门成了一件常事，一件很多校友都记得的事。对于校长来说，这种走出来看看包括接送车道在内的校园外面所花的时间是很值得的。

我注意到，有越来越多的学生开始为他们的同学和访客扶门了。偶尔，学生们也会为我扶门，面带着微笑以及对他们自己也喜欢做这种友善和连接的事情的认知。

——托马斯·亨布尔（Thomas Humble）博士
罗利查特高中校长

工具应用实例——伊利诺伊州优利卡市

最近，我在给去年培训过的一所小型天主教学校做跟进培训时，有一次美好的经历。整个八月，我非常忙碌，去了很多学校，为老师们做在职培训，而圣玛丽学校是我的最后一站。我感到精力有点不足，而且那天早上在家里也不太顺利。

当我到达圣玛丽学校时，神父热情地迎接了我，问我怎么样，我告诉他我很好，但承认那天早上不顺利。大家围坐在桌旁，他像往常一样以祈祷作为开始，然后，他说："我想以'洗车'开始今天上午的会议，我们先给迪娜'洗洗车'。"

我要给那些从没听说过"洗车"的人解释一下，这是在我以前工作的学校里有人需要一些鼓励时，我们会做的事情。我们会让那个人站在一个圆圈中间（只是象征性的），用致谢和感激来"冲洗"他们。这个想法是，就像大刷子和肥皂沫会让布满灰尘的脏车变得明亮并焕然一新一样，用致谢来"洗"一个人，会让他感到充满希望并受到鼓励，以便不断努力。

我去年曾跟他们分享过这个主意，但完全忘记了我告诉过他们。神父以向我致谢作为开始，他说从我这里学了很多，并且喜欢我的演讲风格。然后，圆圈里的每个人都给了我一个致谢。甚至三位从来没有见过我并且对正面管教一无所知的新老师也给了我一个致谢。我站在那里全神贯注地听着，仍然有点震惊！当每个人都说完后，我再一次感谢了他们，并开始了我们的工作。

我的感觉完全不一样了，简直就像换了一个人似的。我注意到了整个上午有多么放松，多么容易地把想分享的信息表达了出来。我感到自己非常投入，并且能以一种非常自信、积极的方式对大家的问题做出回应。

——迪娜·埃姆斯（Dina Emser），布鲁明·格鲁夫学校前主任

注册正面管教高级导师

工具应用实例——佐治亚州亚特兰大市

我每天最精彩的时刻之一，就是早上站在门口和我的每个学生简短地聊两句。善意是会传染的！给予者和接收者都会受益。无论是关于头天晚上的棒球赛、他们最喜欢的午餐食物、新耳环、一个可爱的发型，或者是一个感人的微笑，每一句话都使我们更紧密地联系在一起，而不只是一个班级的老师和学生的关系。

问候还会激励大家相互交谈，并且孩子们会注意到在看到这种积极的行为榜样之前没有意识到的同学们的细节。致谢、点头认可以及共情的表达开启了我们的早晨。看到孩子们之间的连接，并将这种情绪保持一整天，让人充满了力量。

——帕蒂·施帕尔（Patty Spall）圣尤达使徒天主教学校
一年级老师

工具提示

1. 在门口用"早上好"问候每个学生。

2. 你可能想加上握手或击掌。

3. 如果你注意到任何特别的事情（比如换了一个发型，或一个开心的微笑），要说出来。

4. 早晨的问候也可以作为一项轮流承担的班级事务——一个学生站在你旁边，和你一起欢迎同学们。

5. 学生们还可以轮流在放学时说"再见"或"祝你愉快"。

研究这么说

　　奥尔黛（Allday）和帕库拉（Pakurar）系统地研究了教师的问候对学生行为的影响。[①]在这项研究中，老师们被要求站在教室门口，以叫出学生的名字并说一些积极的话语的方式问候学生。没有给老师们提供具体的脚本，因为这种互动需要被学生们看作是真诚的，并且要符合当时的情形。结果表明，在此期间，问候使学生们在上课时保持"学习状态"的比例从45%提高到了72%。老师的问候可以很容易被用来在教室里改善学生们保持"学习状态"的行为。

　　R.J.马尔扎诺（Marzano）和J.S.马尔扎诺进行的研究表明，教师的行为对学生成绩的影响远大于课程、学生评估、员工积极性或者社区参与度等产生的影响。此外，研究表明，教师和学生关系的质量是有效的课堂管理的基石。[②]

[①] Allday, R. A., and K. Pakurar. (2007). Effects of teacher greetings on student on-task behavior. Journal of Applied Behavior Analysis 40, 317–320.——作者注
[②] Marzano, R. J., and J. S. Marzano. (2003). The key to classroom management. Educational Leadership 61, 6–13.——作者注

特别时光

对于孩子的成长来说，最大的激励是让他经历看起来超出其能力，但实际上并未超出的事情。

——鲁道夫·德雷克斯

作为一名学校心理咨询老师，凯莉每周在每个班有30分钟的课。尤其对于年龄小的学生来说，从上节课老师离开教室到凯莉进来上课，需要某种安排和惯例是很正常的。对于其中一个学前班来说，这种转换显得尤其困难，因为学生们是从操场返回教室的。即便只花几分钟的时间与学生们建立连接也会有帮助。凯

"我想让你坐在我讲桌的右前方。这不是因为我想看管你。这是因为风水。"

莉会辨别出那些在课间休息后看上去焦躁不安或兴奋的学生，并在其他学生挂好衣服回座位坐下时，走过去跟那些学生打个招呼。

有个学生看上去特别不想进教室，因为他的心思还在课间草草结束的足球游戏上。这个学生总想说说自己感觉（从他的角度）游戏中不公平的事情。花一两分钟时间用眼神接触问候他，并用一两句话认可他的感受，就可以帮助他顺利转换。一旦凯莉与这个学生建立了连接，他会感觉被倾听到了，就更容易专注于接下来的一个分组课堂活动。到做头脑风暴时，这个学生总会想出一些最好的方案。一两分钟的特别时光带来了完全不同的效果。

很多老师都说，放学后（或任何其他单独的时间）只是花几分钟时间和一个学生共度特别时光，就会帮助这个学生感觉受到足够的鼓励，停止不良行为，即便在这个过程中没有提到这个学生的不良行为。

正面管教最重要的基本原则之一，如果不是最重要原则的话，就是连接，这往往只需要一两分钟的时间（这是这个原则被反复提及的一个原因）。连接是帮助学生感受到归属感和价值感的关键。

研究表明，预测学生的成功的最重要因素，是学生们在学校感觉到的连接的程度。[1]疾病控制中心的报告说，当学生把老师看作是关爱他们的人时，这就会是一个重要的保护因素。研究表明，当学生感觉到与学校的连接时，他们参与高风险行为的可能性就较小。而且，那些在学校有归属感和价值感的学生，成绩可能会更好，考试分数更高，出勤率也更高。这表明"连接"本身通常就是"纠正"。

为了确保你和每个学生都共度特别时光，要准备一份学生名单，并在完成一次特别时光之后，在学生名字旁边做一个记号。

我们在第2章中提到的犹他州盐湖城的高中教师罗伯特·拉斯穆森，带四个班的历史课。他决定测试一下"特别时光"的效

---

[1] Centers for Disease Control. (2015). School connectedness. September 1. http://www.cdc.gov/healthyyouth/protective/connectedness.——作者注

果。他选择为两个班里的每一个学生，以及第三个班的一半学生安排特别时光，第四个班不安排任何特别时光。为完成这项任务，他在教室后面布置了两张课桌。当学生们在座位上做作业时，他每次会叫一个学生过来，和他坐在一起大约五分钟。在这几分钟里，他会问诸如这样的问题："当你不在学校里时，你有什么爱好或者最喜欢的事情？"以及"你有什么问题吗？或者你有什么事情需要帮助吗？"他会把自己了解到的事情记录下来，之后会简短地跟学生聊聊他们的兴趣，或者确保他们得到了想要的帮助。

和两个班的每个学生进行这种特别时光需要好几周的时间，但他和每个学生都谈了。他注意到了安排特别时光的班级和没有特别时光的班级之间的一个明显区别。那些花时间和他单独聊过的学生的班级，有一种尊重和合作的氛围。特别有趣的是，尽管他没有公开通知大家自己在做什么，但在那个只有一半学生和他聊过的班级里，几乎每个没得到特别时光的学生都找到他，并问："我什么候能与你谈话？"

特别时光并不总是需要提前做好计划。在下面这个故事中，一位老师讲述了在需要的时候自然地运用特别时光是多么有价值。用来与那个学生一对一地讨论问题的时间，造成了一种信任感和连接，所以，那个学生能够认识到老师的目的是支持他的学习，而不是惩罚。

工具应用实例——埃及开罗

我教的十年级班里有一个特别爱说话的学生。他完成作业的时间比正常时间长，而且非常容易分心。一天，当学生们都在班里各自写作业时，他被同桌分心了，并且开始干扰别人。依照课堂指南，我使用了口头提醒和非语言（无声）信号来帮助他集中注意力。当这个办法不管用时，我决定试试"积极的暂停"。然而，当我要求他到一张安静桌去做"积极的暂停"，以便和他一起让他重新集中注意力时，他拒绝去那里。相反，他站了起来并挑战我，用手比划着大声说我不公平，并且说他不会去那里。他一直瞪着我，直到我把目光移开，他才开始做作业。

我意识到这个学生在那个时刻不愿意妥协，而且当时的情形已经变成了一种权力之争。我决定应该由我来结束这场权力之争，所以，我就随它去了。

我花了几分钟来决定我要怎么做。我轻声地让他的两个同桌挪到了另一张桌子，以尽量减少他的分心，他们照做了。然后，我和蔼地问这个学生是否同意下课后和我谈谈，但我在课上没有再说这件事。他在这节课剩下的时间里一直在安静地做作业。

下课后，我找到他，并以问他的感受以及他为什么这么沮丧开始了交谈。他说他感到"被欺负"了，因为他是被要求去做暂停的那个人。看来他对"积极的暂停"意味着什么缺乏信任和理解。他把它看成了惩罚，而不是做出改变并专注于手头事情的时间。我认可了他的感受，并承认了自己的错误——不该命令他离开课桌，而应该问他去"积极暂停区"是否会对他有帮助。

最后，我们就用来引起他的注意的几个语言和非语言信号达成了一致，并且我们同意他在需要时可以选择去做暂停。自那次谈话后，他再也没有出现这种干扰别人的行为。相反，他现在能够识别出我提醒他注意潜在不当行为的语言和非语言信号了。甚至有一次，当他意识到自己没法保持专注时，他自己选择了去做暂停。

——赫巴·希夫尼（Hebe Hefni），绿洲国际学校十年级教师

工具应用实例——伊利诺伊州芝加哥市

与高中生建立个人连接并不总是很容易，尤其是当你一个学期

的学生花名册上的人数超过150名的时候。然而，这是有可能的！我把尽可能快地记住所有学生的名字以及他们的一些事情当作我的任务。第一天上课时，我会让学生们填一张表格，里面包括他们的一些特别的兴趣，而且，他们自我介绍时要分享其中的一些信息。有些老师也做类似的活动，但在第一天过后，就不会再利用这些信息。我把这些表格存在文件夹中，并随时记录下那些有助于建立连接的信息，例如，当我发现有学生在体育队里变得更活跃时，或者有学生加入了一个学习俱乐部的时候。

随着这一学期的继续，特别时光既有正式的，也有非正式的。在上课前，我会站在门口，问候每个学生。在我练习记住每个学生的名字时，我特别注意回忆他们在第一天活动中提到的特殊兴趣，或者和他们简单聊聊他们在学校里可能参与的一个活动。如果在门口没有找到机会和一个学生打招呼，我会特别注意至少在上课铃响后的准备时间（Bell Work）或课堂活动期间，单独和这个学生简单地聊几句。

每个学生每天都会跟我有某种类型的互动，如果由于某种原因没有做到，我会特别注意在下次看着他们进教室时做一些互动。作为一位前教学辅导老师，我记得当时看到有个学生在教室里对我指导的教师做出了挑衅行为。我让这个学生和我单独散散步。我没提我在课上看到的行为，而是和他聊当天过得怎么样以及他的兴趣。当我把这个学生带回教室时，他没有继续之前的捣乱行为。他只是需要给自己的一些挫败感找一个发泄的出口，而我们一起度过的特别时光给了他这个机会。

我现在已经不在高中教书，但我发现，因为我特别注意给我现在教的每个大学生安排正式的会面来讨论他们的职业路径和兴趣，他们更愿意参与并且感到了更强的连接感。无论是高中还是大学，当学生们感到连接时，他们对学习就会更投入。与学生们的特别时光获得的信息，能够增强学生的参与，因为在讲课或者做活动时，我能列举一些基于他们个人兴趣的例子。

——萨拉·摩西（Sarah Moses），博士生，阿德勒大学

工具提示

1.让一个学生和你一起吃午餐，或者在另一个特定的时间和你待在一起。做一个名册，以确保你的所有学生都有这样的机会。

2.在共度特别时光时，学生们喜欢听你说你自己的特别兴趣。

3.当你注意到一个学生需要特别时光，或者你需要与一个特别有挑战的学生建立连接时，就要运用特别时光。

研究这么说

正如我们在前面已经知道的那样，对依恋的数十年研究表明了孩子们对归属感和连接感的基本需要。班级管理的研究，确认了通过诸如与学生一对一地进行特别时光之类的办法与每个学生培养关系的重要性。研究表明，那些花时间与学生发展关系的老师，遇到的学生行为问题较少，并且学生的成绩会提高。[1]那些与学生

---

[1] Decker, D., and S. Christenson. (2007). Teacher-student relationships among behaviorally at-risk African American youth from low-income backgrounds: Student perceptions, teacher perceptions, and socioemotional adjustment correlates. Journal of School Psychology 45, 83–109.——作者注

有高质量关系的老师，遇到的学生纪律问题明显更少。[1]麦库姆斯
（McCombs）和惠斯勒（Whisler）的报告说，学生们非常感激老
师给予他们的个人关注。[2]尽管与每个学生都广泛地沟通可能会有
困难，但老师们可以与学生沟通个人兴趣，而不用花太多时间。在
餐厅和学生一对一聊天，谈谈课外活动，向学生致谢，都是与学生
连接的简单而有效的方法。

[1] Marzano, R. J., and J. S. Marzano. (2003). The key to classroom management. Educational Leadership 61, 6–13.——作者注
[2] McCombs, B. L., and J. S. Whisler. (1997). The Learner-Centered Classroom and School: Strategies for Increasing Student Motivation and Achievement. San Francisco: Jossey-Bass.——作者注

认可感受

由于没有哪两个孩子是完全一样的，老师就需要对自己班里的每个学生的感受保持敏感，以便知道何时以及如何进行鼓励。

——鲁道夫·德雷克斯

"我的老师和我的电脑今天都停机了。"

当学生丧失信心时（行为不良的学生就是丧失信心的学生），他们不需要任何形式的惩罚。他们需要鼓励。帮助学生感觉受到鼓励的最佳方式之一就是倾听，直到你理解他们的看法，并在之后认可他们的感受。

如果你认真倾听（或仔细观察），你可能会猜出学生的感受。正如鲁道夫·德雷克斯解释的那样，即便你猜错了也没关系，因为学生会让你知道你是猜对还是猜错了，而这会给你更多有关如何帮助他们的信息。

当你以一种真诚的方式说出你的感受，而不是进行指责时，学生会很感激知道了你的感受。说"你让我感觉很糟糕"是没有帮助的。这种指责不仅会招致对方辩解，而且这么说是不对的。学生们无法使我们有任何感受。然而，他们肯定会以招致我们体验到来自我们旧的信念模式的想法和感受的方式，按中我们的情绪按钮。当我们改变我们的想法时，我们的感受就会改变。例如，当一个学生行为不良，而我们记得他这种行为是丧失信心的一个信号时，我们就会以不同的感受和行为做出回应。学生们会感激的话语是："我还记得类似这样的事情发生在我身上时，我的感觉有多么糟糕。"

认可学生的感受，并说出你的感受，会建立情感连接，帮助学生感觉到自己被理解，并更愿意合作。这是一种建立连接的强有力的方式，并且往往会同时带来学生行为的纠正。

工具应用实例——加利福尼亚州欧申赛德市

5岁的阿尔伯特以捣乱、攻击小伙伴、反抗教师开始了幼儿园的生活。他不撞到别人，就坐不到自己的方毯上，而且，如果他不想做什么事，他就会藏到桌子下面，并拒绝出来。他甚至会跑出教室。有一次，阿尔伯特跑出了校园，校长不得不在后面追他。他还会在课间休息时在操场上大哭并躺在地上打滚。老师或操场管理员会威胁他说，如果他不停止哭闹并赶紧站起来，就送他去校长办公室，而他对于去办公室往往感到很兴奋。

有一天，我在操场上看到了这一幕。其他学生刚刚开始课间休息。我跟老师和操场管理员说，让我和阿尔伯特谈谈。因为他正躺在地上大哭，我在他旁边跪下来说："阿尔伯特，你现在真的很伤心。"（"伤心"是他的描述"生气"的方式。）

他点点头。

我说："你想在这儿伤心，还是在咨询室？"

他没回答，但变得稍微平静了一些。我说："我看到你想就在这儿伤心。这没关系。你想在这儿的地上伤心多长时间：一分钟还是五分钟？"

他不哭了。我等待着。

几秒钟之后，他坐了起来，并且笑着说："我伤心完了。我现在要去课间休息了。"然后，他站起来，跑去玩了。

——英洛（Lois Ingber），*心理辅导老师*
注册正面管教高级导师

工具应用实例——埃及开罗

我是一名五年级的老师，班里有25名学生。我已经运用了正面管教方法的很多技巧，尤其是对一个习惯于通过在课堂上说阿拉伯语来捣乱的学生。他的目的是要让他的同学们大笑。由于我用法语教课，而且不懂阿拉伯语，所以，这对我来说是个很难对付的情形。

为了解决这个问题，我决定和他单独谈谈，说出我的感受，以便他能理解他的行为是如何干扰我的。我还让他想想他为什么要干扰课堂。然后，我让他和我一起寻找解决方案。他提出了两个建议：他同意尽量克制住让同学们大笑的想法，并且，他还建议，如果他难以遵守我们的约定，他就一个人单独坐，以免受到朋友们对他的关注的诱惑。

我注意到他很快就改变了他的行为；他没有需要一个人坐。有时候，他只需要我提醒他想起那个约定。有了这个改变之后，我花时间向他指出了我多么感激这个变化，并鼓励他继续保持。他很自豪。我也能看出来他在班里感觉更好了。处理这个问题的这种方式是一个很大的成功，尤其是因为这件事处理得很平静，没有任何冲突。在我这方面，我也感觉更好了，因为我可以在不被经常干扰的情况下上课了。

——皮埃尔·苏德勒（Pierre Sudre），绿洲国际学校五年级教师

工具提示

1. 对学生的感受进行猜测，以便你能共情。

2. 说出你的猜测，比如，"看上去你现在真的很生气。"或者"你感到难过吗？"

3. 如果学生回答"不"，就再猜一次。

4. 要真诚："我关心你，如果你想谈谈，我想知道你到底发生了什么事。"

5. 用你的直觉来判断接下来该做什么。直觉也许会告诉你给学生提供一个选择，或者是问学生或你能做什么来帮助解决问题。或者，直觉会告诉你只需要倾听并认可感受。

研究这么说

阿德勒把共情定义为："用另一个人的眼睛去看，用另一个人

的耳朵去听，用另一个人的心去感受。"^①F.汉娜（Hanna）、C.汉娜（Hanna）和基斯（Keys）的报告说，共情是与学生建立联系的一个极其重要的因素，尤其是对于难以接近的高风险学生，以及进入青春期的学生。^②一项在城市学校进行的探索青春期学生对学习动力和成绩的看法的研究发现，教师与学生共情，是促进学习动力和成绩的关键做法。^③

① Adler, A., H. L. Ansbacher, and R. R. Ansbacher. (1956). The Individual Psychology, a Systematic Presentation in Selections from His Writings. New York: Basic Books.——作者注

② Hanna, F., C. Hanna, and S. Keys. (1999). Fifty strategies for counseling defiant and aggressive adolescents: Reaching, accepting, and relating. Journal of Counseling and Development 77, 395–404.——作者注

③ Schmakel, P. O. (2008). Early adolescents' perspectives on motivation and achievement in academics. Urban Education 6, 723–749.——作者注

倾 听

要激励孩子们寻找解决方案，而不要直接告诉他们。

——鲁道夫·德雷克斯

你是否抱怨过你的学生不听你的？如果是，就问问你自己是如何做出倾听榜样的。你有可能犯了以下错误吗？

· 被动反应和纠正："别跟我那样说话。你为什么不能更尊重一点？"

· 拒绝考虑："你不应该有那种感受。不要感觉不好。"

· 说教："也许如果你＿＿，就会＿＿"（例如，"也许如

"在你继续你滔滔不绝的指责之前，先告诉我，你是否注意到了我的非评判且共情的倾听。"

111

果你更友好一些，就会有更多朋友。"）

避免这些错误，可以为你运用下面这些倾听技巧提供空间：

·仔细倾听，以便你不仅知道学生说了什么，还要意识到他们的意思是什么。

·在说你的看法之前，先认可学生的感受和看法。

·闭上嘴倾听，只说"嗯"或"哦"。

学生们在感觉到被倾听之后，就会倾听你。随着你逐渐掌握倾听的艺术，你的学生也会掌握。榜样是最好的老师。要练习做一个好的倾听者，为学生做出你想要看到的行为的榜样。然后，你可以教给学生倾听的技巧并让他们知道倾听时会犯的错误，并给他们提供机会进行角色扮演和练习。

工具应用实例——加利福尼亚州波威市

作为一个在班里运用正面管教的老师，我注意到自己正在投入时间帮助学生不仅在学业上成长，而且在情感上成长。在经过一番思考后，我逐渐认识到平等地对待学生意味着要满足他们的需要，无论他们处于何种境况。

最近，在一次班会上，我们谈了如何对待他人。我们提出了黄金准则，并且大家一起讨论了以我们希望自己被对待的方式对待他人。我们认识到，如果我们都遵从黄金准则，就没有人会开心，因为大多数人对自己希望被以什么方式对待都有某种期待。我的一个学生举了下面的例子："如果我以我想被对待的方式对待你，我会每天给你带来一条新蛇，因为我最喜欢的就是爬行动物。"最后，我们决定，最好的办法是要发现别人想被怎么对待，并以那样的方式尊重地对待他们。

——戴安娜·罗维斯基（Diana Loiewski），高中教师

注册正面管教讲师

工具应用实例——南加州

在课堂上，我让学生们根据投影制作美国地图。一个学生不理解为什么他和朋友不能用班里的地图集来制作地图。他还很生气，因为我作为老师却不知道所有的州。之后，我和这个学生私下讨论了他为什么生气以及拒绝按要求做。

因为他明显没有在听我说，我平静地把我的拳头放在他头上，并说："我的大脑在你头上。我现在可以听了。"我们一直用这个动作来象征我在听他说话，反之亦然。我将注意力全部集中在他身上。我重复他说的话，确定我没听错。

然后，我看着他的眼睛，轻轻地把他的拳头放在我头上，并说："你很沮丧，因为我不让你用地图集，而且我不知道美国所有的州。我很抱歉我不知道所有的州，我需要一本书来帮助我。我也在学习，我对自己不能不假思索地说出所有的州感到很尴尬、很难过。"我向他解释了这堂课就是要教大家按照老师的话去做。

突然，他说："哦，是的！你是助理老师，不是老师。"

这对他来说似乎是有道理的。在我们谈过之后，他平静了下来。他甚至向我道了歉。当孩子们被倾听之后，他们确实会更好地倾听。

——杰基·弗里德曼（Jackie Freedman）

四、五年级特殊教育助理

工具提示

1. 要注意你多么经常地用辩解、解释或建议打断倾听。

2. 要避免给建议。要相信你的学生可以自己把问题想清楚，因为他们有一双倾听的耳朵。

3. 可以问一些吸引学生再多说一些的问题："你能给我举个例子吗？""还有吗？"要反复问"还有吗？"，直到学生说"没有了"。

4. 在更深的层次上，你能从学生的话中听出其行为背后的信念吗？

5. 在倾听之后，要问是否可以把这个问题放到班会议程上来寻求更多帮助。要尊重学生的选择。（见第116页"启发式问题：激励型"，第121页"启发式问题：交谈型"，以及第277页"不要回击顶嘴"。）

研究这么说

研究表明，倾听对与学生建立尊重的关系有关键影响。拉德森-比林斯（Ladson-Billings）请城市学校的八年级学生谈谈他们对老师们的看法。[1]特别问到了他们喜欢老师的哪些方面。学生们的回答表明了老师倾听的重要性，以及倾听对师生关系质量的影响，这进而会影响到学生们的学习。一个学生说："她倾听我们！她尊

---

[1] Ladson-Billings, G. (1994). The Dreamkeepers: Successful Teachers of African American Children. San Francisco: Jossey-Bass.——作者注

重我们！她让我们表达我们的看法！当她和我们说话时，她会看着我们的眼睛！她对我们微笑！当她在大厅或餐厅看到我们时，她会和我们说话！"这些学生的话凸显了倾听的艺术，并表明了非语言沟通在倾听时的重要性。[1]

---

[1] Brown, D. (2004). Urban teachers' professed classroom management strategies: Reflections of culturally responsive teaching. Urban Education 39, 266–289.——作者注

启发式问题：激励型

任何不是自发认可，而是强加给我们的权威，都是假的；真正的权威和纪律来自内在。

——阿尔弗雷德·阿德勒

"我告诉你，你那'因为这是我说的'的把戏，在学校里根本不管用，一文不值。"

"启发式问题（激励型）"与"启发式问题（交谈型）"不同。后者是为了交谈，而"启发式问题（激励型）"是为了只用一两句话就激励学生。这种方法之所以有效，是因为他们被尊重地问了一个能让他们思考的问题，并决定去做他们感觉受到激励去做的事情。

上面的引语教给我们很多有关激励的心理学。当有人要求你做

116

什么的时候，你有什么感觉，你想怎么做？你感觉受到了尊重吗？你感觉自己受到激励去合作吗？还是你感觉自己想要反抗？另一方面，当有人尊重地问你一个问题时，你有什么感觉，你想怎么做？你会受到激励去思考它，并且甚至可能会合作吗？

实际上，这不但涉及心理学，还涉及生理学。当有人向你提出一个要求时，要注意你的身体或多或少会变得僵硬，而且，传递给大脑的信息是"抗拒"。当有人尊重地问你一个问题时，你的身体会放松，而且，传递给大脑的信息是"寻找答案"。在寻找答案的同时，你感到自己很能干，感到情感的连接，并且更愿意合作。正如你感到更愿意与一个尊重地问你问题的人合作一样，学生们的感受是一样的。正如本节开头阿德勒的话所表明的那样，激励型问题会帮助学生发展内在的纪律。

为了增强你的认知，要开始注意你多么经常地"告诉"，而不是"问"，并在每次发觉自己在"告诉"时，就往一个罐子里放一元钱。（你的这个罐子需要多长时间才能有足够的钱去度假？）当你发觉自己在"告诉"时，要想一想如何把你的话转变成一个让你的学生感觉受到足够的尊重并愿意合作的尊重的提问。

提醒：要注意这个工具推荐的是"启发"式问题，而不是"服从"式问题。有些教师在自己的启发式问题不起作用时会感到失望。需要我们再说一次没有任何工具对每个学生每次都有效吗？这就是我们需要这么多工具的原因。还是让我们来看看为什么启发式问题可能不管用吧。

1. 学生们没有得到足够的训练，不知道老师的期望是什么以及如何去实现。

2. 你没有在纠正之前先花时间建立连接。建立连接的方法之一是运用"认可感受"的工具："我知道你很生气。你怎样才能在专注于解决问题之前先平静下来呢？"

3. 你说话的语气暗示着期望学生服从，而不是请学生思考。

简单的激励型问题，往往会让学生运用他们个人的力量去寻找答案，而不是在被"告诉"该做什么时用精力去对抗。在下面的"工具应用实例"和"工具提示"中，你会看到几个例子。

工具应用实例——佐治亚洲迪凯特市

我要分享一个提问题而不是陷入权力之争的成功故事。我们在做课间活动时，有几个学生总是晚进教室，因为他们会继续传球玩儿。我说："我注意到其他人都到教室门口准备进去了，而你们几个还在足球场上。"

他们说："嗯，我们马上就好。"

通常，我会陷入权力之争，告诉他们快点儿，但是，这一次，我说："要做到准时，我们需要怎么做？"

当他们走到操场边上的时候，他们开始跑了起来，准时赶到了教室门口。让他们自己决定并看着他们做出很好的决定，真是太好了。

我还注意到了我的数学课的整体变化——他们现在通常会直接准备好上课，根本不用讨论，而今天，在他们边聊天边准备上课时，一个学生问其他同学："你们准备好开始了吗？你们都有资料了吗？"

——爱丽丝·阿尔布雷克特（Elise Albrecht）

克拉夫利夫学校中学教师

工具应用实例——佐治亚洲亚特兰大市

我的几何课上有一个学生，当他面对一张白纸什么都不做的时候，我不得不一直告诉他："快点，做作业吧。还有二十分钟就下课了。"

通过将我的话语从"告诉"调整成"提问"，他真的发生了很大变化。现在，我会问他："你计划怎样在接下来的二十分钟里完成作业？"或者"你需要我怎么帮助你……？"

一开始，他会看着我，好像我的头在转似的，但他很快就意识到他在掌控自己的行为。这个变化引发了一次我和他就在课堂上要认真专注的交谈，他现在实际上正跟学校的心理辅导老师练习集中注意力的技巧。

当我促使他认真想想他为什么没有完成作业时，他终于承认，他想做作业，但注意力无法集中，而且无法不去想当天放学后要做的所有事情。他的真正挑战很久以来一直是很难集中注意力，但是，看上去他总是像在犯懒或挑衅。

——布莱恩·肖梅克（Bryan Schomaker）

霍华德学校M.A.T高中数学主管教师

工具提示

1. 简单的激励型问题会让学生们寻找答案。

2. 要避免会招致抵制和反叛的命令，要问能让学生感觉到自己很能干并且愿意合作的问题。例如：

   ·对于在今天放学前完成作业，你有什么计划？

   ·你需要穿什么，才能在课间休息去外面时不会冷？

   ·你怎样才能和你的朋友一起解决这个问题？

   ·在我们的班会上，我们决定在出现这种情况时要怎么做？

·对于在放学前整理好你的课桌，你有什么计划？
3. 见"启发式问题：交谈型"（第121页）。

研究这么说

西格尔（Siegel）和布莱森（Bryson）建议，在发生冲突时要采用提问式话语，而不是告诉式话语，以避免权力之争。[1]"提问"会导致建设性地解决问题，而神经科学研究表明，告诉式话语会增加人们的生化压力反应，并可能造成一种看上去像"反抗"或是"退缩"的反应。研究人员描述了"提问"怎样会导致"上层"大脑进行选择和计划的处理，而"告诉"会触发应激反应的"下层"大脑。西格尔和布莱森的报告说，当我们用"上层"大脑思考时，会出现压力水平和情绪被动反应的降低。

---

[1] Siegel, D., and T. Bryson. (2011). The Whole Brain Child: 12 Revolutionary Strategies for Nurturing Your Child's Developing Mind. New York: Random House.——作者注

启发式问题：交谈型

用另一个人的眼睛去看，用另一个人的耳朵去听，用另一个人的心去感受。目前，这在我看来就是我们所说的"社会情感"的一个定义。

——阿尔弗雷德·阿德勒

"Education"（教育）这个词的词根是拉丁语的"educare"，意思是"引出"。太多的时候，我们试图用"告诉"来把指令填塞给学生，然后还奇怪为什么我们精彩的说教会从学生的一个耳朵进，另一个耳朵出。当我们"告诉"时，学生的身体可能会变得僵硬，进入

"也许小杰克·豪纳尔变得好争辩，是因为他被逼到了墙角，让他没有选择了。"

121

他们大脑的信息是"抗拒"。另一方面，带着真正的好奇心"提问"，会让听的人身体放松，进入其大脑的信息是"寻找答案"。交谈型启发式问题会帮助学生培养上面引语中阿尔弗雷德·阿德勒所说的"社会情感"，因为他们感觉自己受到了尊重并且在参与。

交谈型启发式问题会比激励型启发式问题（见第116页）花费更多的时间，因为你不只是在让一个学生对需要关注的简单事情思考一个解决方案，例如，"你需要怎么做才能按时完成作业？"，交谈型启发式问题需要的是其名称所表明的：一次交谈。

在运用交谈型启发式问题之前，重要的是要等到每个人都有时间平静下来。然后，要找一个安静的地方，和学生一起坐下来，并真正倾听他对你的问题的回应。

下面的"工具提示"里有一些交谈型启发式问题的脚本，让你了解这样的问题听上去是什么样的。然而，重要的是在实际运用时不要使用脚本，以便你的问题是真诚的，并且与当时的具体情形相关。

工具应用实例——缅因州诺布尔伯勒市

斯蒂芬，四岁半，他和同学们一直很难相处。他很容易变得很沮丧，然后就打人。上午，老师注意到斯蒂芬在他的垫子旁哭。地板上到处都是地图拼图的拼块。助教告诉老师，他打了珍妮特，然后珍妮特把他的拼图翻了过来。

老师：斯蒂芬，我注意到你很伤心。发生什么事了？
斯蒂芬：珍妮特把我的拼图翻了过来，我一上午都在拼图。
老师：我能理解你为什么这么伤心。你投入了很大精力。珍妮
　　　特为什么把你的拼图翻过来？
斯蒂芬：嗯，我打了她。她指使我做这做那。

老师：所以你很生气，并且打了她?

斯蒂芬：是的。

老师：然后发生了什么?

斯蒂芬：然后，她就把我的拼图翻了过来。

老师：那么，你从这件事学到了什么?

斯蒂芬：也许我不应该打人。

老师：珍妮特看上去也很伤心。你能做些什么让她感觉好起来?

斯蒂芬：我可以跟她说对不起。

老师：你需要帮助吗?

斯蒂芬：我自己能行。

要注意一个孩子决定说"对不起"，而不是被"告诉"去说"对不起"之间的区别。这种道歉是发自内心的。斯蒂芬在为自己解决问题感到自豪并且想解决问题之后，自己得出了这个结论（在启发式问题的一点帮助下）。

——琦普·德洛伦佐（Chip DeLorenzo），教育学硕士
达玛丽斯科塔蒙台梭利学校校长
注册正面管教导师

工具应用实例——加利福尼亚州波威市

过去三个星期以来，我九年级的英语课一直遵循着一个惯例：在对一部短篇小说进行阅读、讨论并制作一个情节图之后，学生们要完成一个三段的文学分析作文。学生们还会被给一个标题和一篇范文。每次作业的范文都会在课堂上得到评论和讨论。

托马斯在过去的三周里交的都是只有一段的作文。我私下让托

马斯周四放学后来见我，一起讨论他的作文。我们的交谈如下：

> 老师：托马斯，你最近怎么样？
>
> 学生（不自然地结巴着）：还行吧。
>
> 老师：你知道我为什么要找你吗？
>
> 学生：可能是我的成绩？
>
> 老师：我们来看看你的作文吧。

他打开作业夹，来回翻着，直到找到他的作文。

> 老师：你对作文的要求的理解是什么？
>
> 学生：我不知道。
>
> 老师：你记得收到过列有作文要求和评分方法的一页纸吗？
>
> 学生：记得。
>
> 老师：能把那页纸找出来吗？

他拿出了那张纸，我们一起看作文的要求。

> 学生：哦，我没按要求做。
>
> 老师：你现在能做些什么吗？
>
> 学生：你认为我可以在周三之前重写所有作文，并且得满分吗？

在之前的一次班会上，学生们决定他们想要把握所有的作业、测验和考试的机会。结果，我们决定他们可以不断地重写作业，以便拿到满分（运用"错误是学习的大好机会"）。我们一致同意到10月底重新考虑这一规定。到目前为止，这一规定都很棒。由于采用正面管教的方法，我的学生们被赋予了力量，并且取得了好成绩。我的课的成绩分布也从典型的钟形曲线变成了J形曲线：得A的学生超过了得B的，得B的超过了得C的，而且没有人不及格。

——戴安娜·罗维斯基（Diana Loiewski），高中教师
注册正面管教讲师

工具提示

1. 学生们在感觉自己被倾听后，才会倾听你。
2. 停止"告诉"，要问问题，比如（但要用你自己的话）：
   · 发生了什么事？
   · 你对此有什么感受？
   · 你认为其他人有什么感受？
   · 你有什么解决这个问题的主意？
3. 见"启发式问题：激励型"（第116页）。

研究这么说

丹·西格尔博士（Dr. Dan Siegel）认为，"问"会导致建设性地解决问题，而"告诉"会增强学生的生化压力反应。西格尔和布莱森描述了"提问"会怎样激活帮助学生进行选择并参与计划的"上层"大脑，而"告诉"会激活被动反应的"下层"大脑。西格尔和布莱森报告说，当我们促进思考时，压力水平和情绪反应都会

降低。[1]

神经科学家朱迪·威利斯博士（Dr. Judy Willis）进一步解释了压力和情绪会如何影响学习，并解释了对课堂的具体意义。在作为一名神经学家从业二十多年后，威利斯博士对学习的神经学产生了非常浓厚的兴趣，以至于她决定做一名教师，并且，从那以后，她一直在用自己的研究来帮助教育工作者更好地理解如何帮助学生们学习。威利斯描述了揭示压力和焦虑对学习产生负面影响的神经影像学研究。神经影像学研究为强调帮助学生在教室里感觉到一种归属感和价值感的以"学生为中心"的学习的重要性，提供了支持。[2]

正如西格尔和布莱森报告中的证据表明的那样，当学生们受到激励而非被恐吓去学习时，他们的记忆力和学习都会改善；威利斯描述的神经影像学研究表明，引起压力的情形对学生的学习及存储新信息的能力都会产生消极影响。

---

[1] Siegel, D., and T. Bryson. (2011). The Whole Brain Child: 12 Revolutionary Strategies for Nurturing Your Child's Developing Mind. New York: Random House.——作者注

[2] Willis, J. (2007). Engaging the whole child: The neuroscience of joyful education. Educational Leadership Online, summer, 64. ——作者注

第 **4** 章 班级管理

A. BACALL

LIBRARIAN

班　会

孩子们相互之间学到的，要比从老师说的学到的多。

——鲁道夫·德雷克斯

你曾经注意过孩子们尽管经常不听你说的，但听他们相互之间的话吗？在班会上，我们经常听到学生们之间互相说的那些话，正是我们说的时候他们似乎是左耳进右耳出的："如果你作弊，你就学不到真东西。"或者"如果你输不起，别人就不想和你一起玩。"他们有时候会把从老师那里听到的这些话当作说教而置之不理，而把相互之间说的这些话当作是好建议。

"我们把我们的椅子摆成一个圆圈，并开始讨论，接下来，我知道我们把问题解决了。"

很多老师发现班会使他们的工作变得容易很多，因为他们有满满一教室的解决问题的能手。学生们一整天都可以运用他们从班会上学到的很多社会－情感技能，来创造一种合作的教室氛围。

这些社会－情感技能就像学业技能一样，不会一夜之间就掌握。当学生们每天练习时，他们就能学会并掌握技能，对于学业技能是这样，对于在班会上学到的技能也是这样。

当简在一所小学作心理辅导老师，刚开始学习和教授班会时，她告诉老师们，要做好过一个"地狱月"的准备，因为学生们需要时间来学习成功地开班会的技能。然而，我们发现，如果在用班会解决真正的问题之前，你花时间训练学生们掌握"成功班会的八项基本技能"，就不会有"地狱月"了。这些基本技能（《教室里的正面管教》一书中有详细介绍）包括：

1. 快速、安静并安全地围成一个圆圈。
2. 进行致谢和感激。
3. 尊重差异。
4. 运用相互尊重的沟通技能。
5. 专注于解决方案。
6. 角色扮演和头脑风暴。
7. 运用议程和班会程式。
8. 理解并运用"错误目的表"。

有些学生只用几天就能学会全部这八项技能。其他学生可能需要一周或更多的时间来练习每项技能。在学习班会基本技能的过程中，学生们是在学习社会－情感技能，比如尊重自己和他人、相互倾听、在专注于解决方案时一起做头脑风暴、批判性思考、责任感、适应力（通过运用"错误是学习的机会"），以及成功生活所需的其他品质和人生技能。

一位特殊教育老师认为班会议程不管用，因为他的班里的孩子们在心烦的时候需要"立即"得到帮助。然而，他决定试一试。他说，看着他的一些学生在课间休息之后进教室时明显心情烦躁，让他几乎感觉很好笑。他们大步走到放班会议程表的地方，把自己的名字写在上面，离开的时候明显变得平静了。把名字写在议程上就是他们"立即"的解决方案，因为他们知道自己不久就会在班会上（他们每天都开班会）得到帮助。这个过程帮助他们平静了下来。

每天开班会（以及每周开家庭会议）的益处是无可否认的。当我们的观点被研究证实时，我们很高兴；但是，听到那些体验到孩子们通过参加班会而学到的技能的快乐和好处的老师们这么说，我们感到更高兴。

工具应用实例——佐治亚州迪凯特市

我们在一次班会上就"干扰课堂"（学生们吵闹、说话等等）做了头脑风暴。一个学生说："我知道自己在这么做，可我很难停下来！"

我注意到，尽管通常都很难，但当有人吵闹时，他们已经变得对彼此更有耐心了，他们经常会说"请停下"，而不是不那么友好地说："闭嘴。"

我没有预料到的一个好处是，他们对相互争夺关注有了更多一点的共情。

——爱丽丝·阿尔布雷克特（Elise Albrecht）
克拉夫利夫学校中学教师

工具应用实例——加利福尼亚米申维耶霍市

今天的班会只用5分钟就完成了所有的事情！我实际上有点担心，因为议程上没有什么要讨论的。已经有两周没有需要讨论的事情了。当我问他们的时候，他们告诉我，他们现在能自己处理所有的事情，而且通常都这么做。

巨大的成功！知道他们现在能够真正体现教给他们的原则并将其运用到他们的生活中，真是太好了。

——乔伊·萨科（Joy Sacco），卡登学校三年级教师

注册正面管教导师

工具应用实例——韩国杨平郡

自2003年以来，我一直在一所公立小学做教师。我和我的六年级学生之间有很大的麻烦。当时，我的一个同事给我介绍了《教室里的正面管教》这本书。我读了这本书，明白了我为什么和学生们有那样的问题。我太和善，因为我认为这会让我看上去是个好老师，并且在我的同事、学生和他们的父母中有一个好名声。但是，我应该做到和善而坚定。我应该思考如何以一种增强学生们的责任感、尊重和独立性的方式来教学。

在读过《教室里的正面管教》并参加了正面管教工作坊之后，我开始改变教什么和如何教。我的第一个改变是与学生们真正地连接。当我每天都花时间与学生连接时，我的学生们对我的和善而坚定的纠正做出了回应。

我开始每天早上开班会。班会议程包括：围成一个圆圈，致谢，进行一个需要彼此合作的活动，以及一个拥抱。在8:40，我们围成一个圆圈，一起坐在地板上。当我和学生们一起坐在地板上

时，我感到了平静以及与他们的连接。以前上课时，我都是站在教室的前面，学生们坐在椅子上。围成一个圆圈是课堂气氛发生神奇改变的开始，并且改变了我作为一个老师的心态。

起初，学生们对致谢感到害羞，但是，他们很快就对致谢变得很热切了。我很惊讶地看到了合作氛围的形成。学生们没有了指责或欺凌，而是解决问题和自信心的建立。在毕业典礼上，我的一个学生告诉我："我已经学会了期待听到我的老师和朋友们感激的话语。每当朋友们提到我的名字时，我都感到非常快乐。"

韩国的文化和我们学校都崇尚竞争，所以，我和学生们安排了一些合作性的活动，以培养社会技能以及"纠正之前先连接"。我们很喜欢这种活跃而有趣的在一起的时光。

我们用拥抱来结束班会。我通过在正面管教家长课上教父母们拥抱的活动，知道了拥抱的力量。现在，我每天都拥抱我的学生们。这带来了极大的不同，因为我们感到了连接。

当我回想这些经历时，我发现特别的班会时光改变的不只是学生，而且改变了我自己。

——金姓焕（Seonghwan Kim），贤佑小学六年级教师
注册正面管教导师

工具应用实例——加利福尼亚州圣贝纳迪诺市

上周六，我参加原来一个学生的婚礼，并遇到了很多我以前的学生。在说过对我的班级的很多美好回忆以及和很多同学一直保持的友谊之后，一个女孩告诉我："这些年来，我们都经历了自己人生的起伏，但是，我们从班会上学会了如何解决我们的问题。我真高兴你教给了我们。"当她这么说时，我感到有点受宠若惊，并且很感激我了解了班会。她和我教过的另一个学生都在读博士学位。

我无法忘掉这个学生。所以，你看，都是因为正面管教和班会，我在那些小小的五岁孩子的教育上获得了成功。

——科琳·彼得森（Colleen Petersen），退休教师

工具应用实例——厄瓜多尔瓜亚基尔

在我们的班会（每周三次）上，我们先以致谢和感激相互致意。在班会的这个环节，学生们会感觉自己很重要，并感到自己的才能、成就以及很多方面都得到了认可。然后，我们会回顾问题的解决方案，与学生们核实解决方案是否有效。如果一致同意的首选方案不管用，学生们要用头脑风暴想出更多的主意。然后，我们会专注于议程上需要讨论的任何问题，并在此过程中专注于寻找可能的解决方案。问题涉及到的学生要确定他们愿意尝试的大家建议的方案。我们以讨论未来的计划结束我们的班会。

正面管教给我的学生们赋予了力量，创造了一个更积极而尊重的环境，并培养了学生们的积极品质，这些品质现在会帮助他们取得学业和与人交往上的成功，并在遥远的将来继续为他们所用。

——杰里米·马西斯（Jeremy Mathis），泛美中学四年级教师
注册正面管教学校讲师

工具应用实例——华盛顿州西雅图市

大约两周前，五年级的学生们开始带一些弹性橡皮泥来学校，用来在烦躁不安时占住他们的手。这个星期，这些橡皮泥有点成了问题（被不当使用），被放到了一个书架上"暂停"。然后，橡皮泥不见了。对于用自己存的钱买了这些橡皮泥的小女孩丽兹来说，

这尤其有很大的压力。

星期二，他们开了班会，谈论了犯错误以及承认自己拿走了橡皮泥有多么尴尬。他们提出了将橡皮泥悄悄放回去的解决方案。结果，什么事情都没有发生。

然后，头号嫌疑人克莱德在一个橱柜中"发现"了橡皮泥，但他否认是自己拿走的。全班的学生都怀疑他，但是老师说得非常明确：没有证据不能指责任何人。

星期三上午，就在事先安排好的班会开始之前，学生们正在进行小组作业的时候，克莱德脱口而出："好吧，是我干的！"

不是所有人都听到了这句话，但丽兹听到了，她要求和克莱德单独谈谈。在请求过大人不能在场之后，他们两个走进了一个空房间。

我走进教室进行观察时，这个班的老师把我拉到了一边，并表达了他的担心。他告诉了我丽兹和克莱德俩人单独离开去谈的经过，并说他不知道他们什么时候回来。不仅如此，克莱德的名字又出现在了班会议程上，考虑到早上发生的事情，这位老师觉得再讨论克莱德的问题不合适。（这个直觉很棒！）我建议他们继续开班会，但只进行致谢环节。

就在班会开始的时候，丽兹和克莱德回来了，并且在圆圈中找到各自的位置坐了下来。一个学生宣布会议开始，并选择以"给予或接受"作致谢，不能说"过"。在头两个学生发言时，克莱德蜷缩着身体坐在那里。当他拿到发言棒时，他坐直了身体，并为丽兹作为朋友倾听他而致谢。

又有四个学生发言之后，丽兹为克莱德作为好朋友并倾听她而致谢。又有两个学生发言后，詹姆士（他把克莱德放到了这次班会的议程上）为克莱德是一个好朋友而致了谢。然后，另一个学生和又一个学生向克莱德致谢。其中一个致谢是："我为你是个好朋友向你致谢，并且我信任你。"到这时，克莱德不再蜷缩着身体了，并且一滴泪珠从他脸上滚落下来。

几个学生请求得到致谢，并且可以挑选向他们致谢的人（根据我们的致谢指导原则）。克莱德慢慢举起了手。接下来的那个学生问克莱德是否在举手，并且选择他来致谢。然后，克莱德得到了更多的致谢。最后一个致谢来自一个男生，他说："我向你致谢，因为你对自己的情绪很坦诚，不论是快乐的还是不快乐的。"开完班会后，一个学生小声说："克莱德得到了九个致谢！"这是在一个25人的班里。没有大人建议他们这么做，也没有大人说任何话。一切就这样发生了。

老师提醒学生们，他们以前都遇到过艰难的情形，而每次都战胜了挑战。他告诉他们，他感到他们又一次成功地战胜了一个重大的挑战。他向他们解释说，解决问题的环节将在下次班会进行，他们将以一个简短有趣的节律活动结束这次班会。

当我在会后和这位老师见面时，我们两个坐在那里有点目瞪口呆。他把这次班会看成一个分水岭——部分是因为大家欢迎克莱德回归的方式，部分是因为詹姆士主动向克莱德致谢（詹姆士一整年都和克莱德有冲突），部分是因为克莱德和丽兹给大家做出的勇敢的榜样。

由于这位老师已经通过教给学生们理解犯错误、差异、致谢和鼓励而打下了良好基础，这些学生才具备了像这样开班会所需的技能。

——乔迪·麦克维蒂（Jody Mcvittie），医学博士
注册正面管教高级导师

工具提示

1. 每天都要安排班会。

2. 把班会议程本放在学生们很容易拿到的一个明显的地方。当学生们遇到问题时，他们可以将其写到议程上。或者，你可以给一个选择："把这件事写到班会议程上有帮助，还是用'选择轮'来解决这个问题？"

3. 对于年龄小的学生，要在指定的时间，例如课间休息之前，让他们把问题口述给你，由你记录下来。

4. 以致谢开始每一次班会。

5. 对于议程中的议题，要用头脑风暴寻找解决方案，并将它们全部记录下来。

6. 让问题涉及到的学生选择一个对他们管用的解决方案。

7. 在一周内的班会上进行跟进，看看解决方案是否管用。

研究这么说

班会是给学生们提供在学校感觉到归属感的经历的最好方式之一。研究表明，当学生们在学校感觉到归属感时，他们的学业成绩会提高，社交和情感上也会成功。[1]李奇曼（Leachman）和维克托

---

[1] Sulkowski, M., M. Demaray, and P. Lazarus. (2015). Connecting students to schools to support their emotional well-being and academic success. Communiqué 40, no. 7. https://www.nasponline.org/publications/periodicals/communique/issues/volume-40-issue-7/connecting-students-to-schools-to -support-their-emotional-well-being-and-academic-success.——作者注

（Victor）的研究报告表明，班会能帮助学生们培养责任感、共情和自我激励。[1]爱德华（Edwards）和穆利斯（Mullis）解释了班会的成功和益处。班会尤其能增强关系，增强学生的归属感，增进有效的沟通，并提高解决问题的技能，以及有助于在学校营造积极、关爱、合作的学习氛围。[2]在一次班会效能的定性研究中，城市学校的老师们就班会在认可学生的担心的同时，积极主动地解决问题，从而减少学生的捣乱和冲突，分享了以下看法。[3]

"学生们满足了纪律上的要求，并学会了看重自己的价值。"

"我们有了更积极、更有凝聚力的班级，出勤率也更好了。"

"班会能把迫在眉睫的问题在爆发之前提出来。"

"班会使学生们相互之间更宽容，并形成了相互之间的情感连接。"

"我认为在上课时处理其他问题的时间减少了。通常，孩子们会等到在班会上来讨论问题。"

---

[1] Leachman, G., and D. Victor. (2003). Student-led class meetings. Educational Leadership 60, no. 6, 64–68.——作者注

[2] Edwards, D., and F. Mullis. (2003). Classroom meetings: Encouraging a climate of cooperation. Professional School Counseling Journal 7, no. 1, 20–29.——作者注

[3] Edwards, D. (2005). From class lecture notes. Georgia State University, Department of Counseling and Psychological Services.——作者注

班级指导原则

娇纵是对秩序的需要的无视。

——鲁道夫·德雷克斯

让学生们参与制定教室规则和规定，会有助于建立一种集体意识、连接感和主人翁意识。这对于帮助学生们感觉到自己很能干并受到激励去做出贡献是很有用的，因为他们参与了这个过程。

在很多情况下，老师可以决定做什么，并允许学生决定什么时候做以及怎么

A.BACALL

"未经允许，你们不能起身离开。"

做。比如，要让你的学生们知道操场设施需要得到尊重的对待，然后，要让学生们做头脑风暴，想出如何做，以及什么时候做。

全班学生都可参与制订几个日常惯例表：早上、课间、学习、放学时等等。早上的惯例可以包括在门口问候同学们，一首晨诗，以及为第一节课做好准备。有些学校是以班会作为开始新的一天的惯例，用致谢设定一天的积极基调。

在下面的"工具应用实例"中，一位老师介绍了她的学生如何通过制订班级指导原则来营造所需要的课堂氛围，以确保连接和学习的最佳效果。

工具应用实例——华盛顿州西雅图市

请击鼓……

通过12天的努力，我很高兴地宣布，我们已经确立了班级指导原则和期望。它们是：

- 确保安全
- 待人和气
- 爱护我们的学校和设施
- 在学习中互相帮助
- 有趣

我们是从分享能让这一年变得更美好的方法开始的。在收集了大约40个主意之后，我们将其按照上面列出的类别进行了归类。然后，我们分组讨论为了安全、和气、爱护学校及其设施、在学习中互相帮助以及有趣，我们可以怎么说和怎么做。之后，全班一起讨论修改出几个草案。我们把它们装饰了起来，并在上面签名表示一致认可。

这些指导原则将会在一年内有效，并会给我们提供一个停下来、思考并增强对身边世界的认知的框架。我们会一次又一次地回顾并运用这些原则。

我们已经建立了我们的日常惯例并且很有趣——好吧，至少对我来说是这样！

——莱基女士（Ms.Leckie）的学生们，安妮皇后小学

工具应用实例——加利福尼亚州波威市

下午上课时，我注意到很多学生要求去洗手间。信不信由你，让学生为了去洗手间而不是为了发言举手，是对课堂的干扰。我还注意到，有时候这会让学生们感觉很丢脸，因为他们知道当他们不是为了回答问题或说出自己对讨论的问题的看法而举手时，明显会干扰课堂。

所以，我改变了我上课时使用洗手间的规则，从举手"要求"变成了"你是一个年轻人了——要自己决定什么时候离开最好，要拿起去卫生间的牌子，向我挥一挥，以便我知道你要离开。要自己承担起责任，去完洗手间后马上回教室"。

到目前为止，今年还没有出现滥用卫生间的情况，而且我的课没受干扰！学生们告诉我，他们喜欢这个新规则，而且希望其他老师也这么做。

——戴安娜·罗维斯基（Diana Loiewski），高中教师
注册正面管教讲师

工具提示

1. 让学生们帮助列出一个班级指导原则的清单。例如：

- 和善
- 尊重
- 轮流
- 专注于解决方案
- 避免打扰别人

2. 把学生们分成小组，给每组一个指导原则，让他们角色扮演当学生们遵守或不遵守这条规则时会怎么样。

3. 当学生没有遵守一个指导原则时，要指着清单，并问："你能看到现在需要遵守哪条指导原则吗？"

4. 在班会上定期讨论指导原则，以便进行回顾和训练。

5. 让学生们轮流负责，比如负责班级事务的惯例。

研究这么说

研究表明，有效的教师具有良好的组织能力，并且会和学生们一起提前做好安排并建立惯例；当学生们不理解教室惯例和程序的时候，就会出现问题行为。斯特朗（Stronge）在其对有效的教师的特点以及教育中的最佳做法进行综述的报告中指出，那些让学生们参与建立并维护指导原则和惯例的老师，在课堂管理和教学方面是更有效的。[1]

---

[1] Stronge, J. H., J. M. Checkley, and P. Steinhorn. (2007). Qualities of Effective Teachers. 2nd ed. Alexandria, VA: Association for Supervision and Curriculum Development.——作者注

致 谢

我们可以只着眼于优点，而不是弱点。

——鲁道夫·德雷克斯

给予和接受致谢是另一门需要教给学生并进行练习的艺术——尤其是因为致谢与赞扬不一样。致谢是你对他人的感激——不是因为他们达到了你的期望，而是因为他们对他人的幸福或环境做出的一个贡献，或者是因为他们完成了一件增强他们自己的幸福的事情。

有时候，你会有一些行为极具挑战性的学生，以至于你

"经常而有效的沟通，是良好的课堂管理的基础。这就是为什么我每天都给所有的学生寄感谢信的原因。邮费很贵，但这种鼓励的回报是十倍。"

很容易忘记他们的行为只是冰山的顶部，并且是因为丧失信心才出现的。对于这些学生，找到向他们致谢的方式可能不容易。深入挖掘一下，找到对行为不当的学生的鼓励方法是有帮助的。要运用另外一些方法，比如"成为一个错误目的侦探"（第3页）或者"理解错误目的"的任何一种工具（第17～41页）来找到行为背后的挫败感——并进而找到需要怎样鼓励。我们很喜欢Pinterest和其他社交媒体上贴出的这段鼓舞人心的话（作者不详）："认为你的孩子行为不端，很可能会让你想惩罚他们。认为你的孩子在艰难地处理一些困难，会鼓励你去帮助他们渡过他们的危难。"

致谢是班会的一个重要组成部分，因为这为班会设立了一个积极的基调，还能为教室氛围设立基调。学会给予和接受致谢，对于帮助学生们在一天里寻找好的一面并表达他们的感激，是一个有价值的人生技能。

下面这个活动名为"查理"，是由一位学校心理专家苏珊娜·斯密萨（Suzanne Smitha）设计的，其目的是帮助学生们体验刻薄的话语会造成多深的伤害，以及向别人致谢会多么鼓舞人。

1. 拿一张画着"查理"（简单的轮廓画或简笔画即可）的纸。向大家介绍这是查理，他去了另一所学校上学，大家不是很喜欢他。

2. 让你的学生们想想他们可能会听到的伤害查理感情的话（例如"我们不喜欢你""你看上去很可笑""你不能和我们一起玩"）。随着他们举出的例子，每说出一句伤人的话，就把纸的一角弄皱，接着弄皱另一个角，直到查理消失在一个皱巴巴的纸团里。

3. 然后，指出查理对那些话感到非常难过，而你的学生们在看到那些话对查理有多么大的伤害之后，可能也会感到难过。让学生们想想他们能说些什么话帮助查理感觉好起来。他需要听到什么才能帮助他知道他是学校里重要的一员？道歉会让他的状态好起来吗？学生们每说出一句积极的话，就把画着查理的那张纸抚平一些，直到查理再一次完整地显现出来。

4. 问大家查理现在有什么变化。（当然，他还是有褶皱。）要引导学生得出他们从这个活动中可能得出的要点：无论我们多么努力地收回我们曾经说过的话，或者无论我们的道歉多么真诚，故意伤人的话语都会给人留下一些伤害。因而，重要的是我们在说话前要想一想，并尽一切努力确保我们对别人说的话始终都是尊重的。

这个非常有效的活动会对学生们产生长久的影响，正如你在下面的"工具应用实例"将会看到的那样。

工具应用实例——新泽西州莫里斯敦

在做查理这个活动的时候，学生们经常会有些局促不安，或者会表现出认为这个活动有点傻（毕竟他们这个年龄就是这样），但是，这个活动会让他们始终记住。他们喜欢把这个活动教给低年级的学生，并且，当他们同龄人之间经常说一些批评的话语时，这个活动有时确实会帮助他们。

几年前，当我在一个初中班里做过查理活动之后，当天晚些时候，我正在走廊里，而学生们正在他们的柜子旁准备去上下一节课。我不知道一个学生对另一个说了什么，但后者的回答是："哎哟，那是查理。"

对于他们来说，很难对自己的同龄人说："嘿，这些话伤害我了。"但是，这个学生能足够轻松地用查理来说出同样的事情。

——特蕾莎·拉萨拉（Teresa LaSala），注册正面管教高级导师

工具应用实例——弗吉尼亚州汉普顿市

上周五，我有幸和一个二年级班的学生做了查理活动。当我弄皱纸的第一个角的时候，他们就倒吸了一口气。然后，他们就被可以随便说自己想到的任何话的自由迷住了，并开始为一个接一个学生说出的不友好的话大笑。然而，到了说好话来安慰查理时，他们很快做了补救，"查理"很快就被展开了。

一个经常对同学们说话刻薄的小女孩苏菲说："他还是有点儿皱。"她的观察是一个很好的转折点，离查理最近的孩子们开始试图抚平查理皱巴巴的手、胳膊、腿和脚。当我问是否有人有过和查理一样的感觉时，大多数孩子当然都点了点头。当我问是否有人说过刚才听到的那些不友好的话时，大多数孩子也点了点头，而且，索菲承认："有时候，我会说刻薄话，因为我自己伤心而想伤害别人。"我设法处理了这个问题，尽最大努力没有针对哪个学生。

然后，一个小女孩问她是否可以拥抱查理。"当然可以！"我说。"查理"被轮流递给了几个学生，以便他们拥抱他。

小金柏丽注意到了结果："因为我们拥抱他，他又变皱了。"

——布伦达·加勒特（Brenda Garret），注册正面管教导师

工具应用实例——中国深圳

埃尔文，8岁，在我做助理的关欣欣（Happy Guan）女士的班里，他被认为是"让人头疼的学生"。在圆圈时间，他坐在我身边，不停地动来动去，而且一直在做鬼脸并发出怪声。然而，当我让他发言时，他要么什么都不说，要么就是声音小得听不见。

当我们练习致谢时，一个学生对他说："埃尔文，谢谢你做鬼脸让我开心。"但是，这句话是以嘲讽的语气说出来的。在轮到埃

尔文致谢时，他说他没有人要感谢。我问他是否愿意感谢苏珊把铅笔借给了他。他花了一些时间才开口，而且，当他说的时候，说得非常快、非常机械。

我知道他还不习惯这种互动，他对此感到不舒服，而且他的感情受到过伤害。我拍拍他的肩膀，并感谢了他有勇气练习说"谢谢你"。

在"查理"活动的第一轮，当每个人都在伤害查理时，埃尔文说了不少伤人的话。然而，他开始渐渐地低下了头，弓起了背，最后，他把头埋在了膝盖之间。我很心疼他。我知道这个孩子在学校和家里有多么不被尊重。

然后，在我们进行第二轮时，当每个人都在鼓励查理的时候，埃尔文开始慢慢地坐直了。没有什么形象能比"绽放中的花朵"更好地描述当时的他。

在进入第三轮"如果你是查理，你会对你的同学们说什么？"时，埃尔文的眼睛睁大了，并且变亮了，他的后背挺直了。他拿过发言棒，大声说："如果我是查理，我会说：'尽管我有缺点，但我是个好人，所以，不要瞧不起我！'"

我看到欣欣老师的眼里含着泪，我也是同样的感觉——被埃尔文感动了，并为他感到骄傲。

——甄颖（Elly Zhen），注册正面管教导师

工具应用实例——法国巴黎

我迎来了我的一年级班，其中有约翰，他的个人资料中都是定期看精神科医生的记录。这个孩子每天来上学，在班里的行为都是一样的——低着头，跺脚，尖叫，明显不开心。除了严重缺乏社会心理技能之外，他在学习上也明显落后。我甚至怀疑这个孩子在上

一年级之前是否上过幼儿园。

这种行为持续了好几个星期，直到有一天，在大家围成圆圈进行致谢时，一个同学感谢他在排队时拉住自己的手。这对这个严重受到伤害的孩子就像是一个天启一样：他非常满足地笑了，以至于我能读出其情感、强度及其直接含义：我现在有归属了，我很重要；有人知道我的名字，这使我很重要。在此之后，约翰的叛逆行为越来越少，并且爱学习了。

昨天，在班会的感激环节，有几个学生感谢了刚才在课间和自己一起玩耍的同学。第一个发言的人往往会影响到随后的学生表达什么样的感激。约翰看着他的特殊需求帮手，说："纳蒂亚，谢谢你帮助我做事。我现在更坚强了。"

这表明，特别需求帮手在约翰身上投入的时间、她为让约翰看到他多么能干而给予的鼓励，以及为把这件事做好而采取的连续而渐进的步骤，都被约翰感觉到了，并且，他利用班会的感激环节表达了他的感激。在听到同学们表达感激后，约翰能够以一种非常有意义的方式表达感激了。

——弗罗伦丝·萨玛琳（Florence Samarine），公立学校教师

工具提示

1. 在经过练习之后，学生们就会克服给予和接受致谢时的尴尬。

2. 要教给学生们关注别人做了什么以及他们怎样帮助了其他人，而不是诸如他们穿戴了什么之类的事情。例如：

· "我想要为你昨天帮助我学数学向你致谢。"

- "我想要为你在课间和我一起在沙坑里玩儿向你致谢。"
- "我想要为你在项目上那么努力向你致谢。"

3. 通过每天向几个学生致谢来做出致谢的榜样，是有帮助的。要做记录，以确保每个学生大约每周都能得到一次你的致谢。

研究这么说

你知道你能仅仅通过指出学生做对了的事情，就能改善他们行为的80%吗？[1]研究不断表明，老师和同学的致谢会影响学生与学校的连接，并影响学校的文化。无论是与学校的连接感、归属感，还是一所学校的文化，都被确认为是影响学生的总体成功——社会、情感和学业——的主要变量。

在正面管教的环境中，班会为学生们提供了一种定期给予或接受致谢的安排。此外，教给学生班会的基本技能，给他们提供了学习如何给予并接受真诚的致谢的机会。通常，刚开始时，学生们会因为一个同学的发型或着装而致谢，但是，通过正面管教活动，他们会学会给予更有意义的致谢。学生们会学会相互鼓励，对别人的帮助表达感激，或者对像课间玩足球游戏的乐趣之类的事情表达感激。

研究中发现班会的好处是显而易见的。例如，波特（Potter）

[1] Sutherland, K., T. Lewis-Palmer, J. Stichter, and P. Morgan. (2008). Examining the influence of teacher behavior and classroom context on the behavioral and academic outcomes for students with emotional or behavioral disorders. Journal of Special Education 41, 223–233.——作者注

决定研究班会是否能增加一个学生在学校和家里的积极互动。[1] 这项研究发现，运用正面管教的班会方式，定期开班会的结果是学生们给予和接受致谢的能力提高了，而且，班里整体致谢的次数增加了。学生们总体来说的相互支持也增多了。在这项研究中，班会被引入了一个五年级班级，实行了八周的时间。老师和学生的日志以及对学生父母们的调查，都表明学生们积极互动的技能提高了。研究结果表明，学生们在三个具体方面提高了技能：倾听，致谢和感激他人的能力，以及尊重他人的能力。

---

[1] Potter, S. (1999) Positive interaction among fifth graders: Is it a possibility? The effects of classroom meetings on fifth-grade student behavior. Master's thesis, Southwest Texas State University, San Marcos, TX.——作者注

父母-教师-学生三方会

教育工作者必须信任自己的学生的潜在力量，而且，他必须运用自己的全部技能设法让自己的学生体验到这种力量。

——阿尔弗雷德·阿德勒

曾经，邀请学生参加父母-教师会甚至根本不会被考虑。而且，有些父母-教师会是令人沮丧的，那些出问题的学生的父母觉得老师在指责他们，而这些学生的老师感到被学生的父母指责。出问题的学生只能想象自己在会上被说了什么，没有任何一方会受到鼓励。

父母-教师会

"坏消息是，你们的儿子这个学期每次考试都不及格。好消息是，错误是学习的机会。"

151

三方一起谈，会为既谈优点、又谈挑战的专注于寻找解决方案的谈话提供更多的观点和机会。当三方一起努力解决问题时，其结果对学生、父母和老师就都是一次支持、鼓励的经历。

当学生参与其中时，会议对学生是更尊重的。毕竟，学生更清楚自己面对的挑战和自己的优势，并且能在寻找方法减少挑战并鼓励优势的过程中提供很多的东西。而且，父母-老师-学生的三方会能提供一个通过合作和伙伴关系在家庭和学校之间建立连接的机会。你能了解到学生的家庭环境、家庭价值观和期望以及规矩和日常惯例。父母会有一个机会了解你的观点和专业见解。当学生在场时，他也有了一个独特的机会，感觉到父母和老师同时给予的支持。当学生生活中这些重要的成年人表现出他们的兴趣和关爱时，其结果对学生来说是鼓舞和激励，而这对大人而言是令人欣慰的。

《用你的长处高飞》一书的开篇，讲了一个关于上同一所学校的一只鸭子、一条鱼、一只老鹰、一只猫头鹰、一只松鼠和一只兔子的可爱的寓言故事，这些动物要学习一项包括奔跑、游泳、爬树、跳跃和飞翔的课程。[1]当然，每个动物在这些方面至少有一项天生优势，但在其他方面都注定会失败。当看到这些小动物的父母和学校老师坚持要求他们必须在每个方面都做得很好才能毕业，并要成为无所不能的动物，而使这些动物遭到惩罚并感到沮丧时，真的让人难过。这本书的一个主要观点是："只有通过专注于自己的长处并控制自己的弱点——而不是消除弱点——才能实现卓越。"

父母-教师-学生三方会，可以成为鼓励学生控制自己的弱点，并用自己的长处高飞这个过程的一个重要部分。当老师坚持让学生每门功课都得A时，学生们就会变得平庸。有时候，老师甚至

---

[1] Clifton, D. O., and P. Nelson. (1992). Soar with Your Strengths. New York: Dell.——作者注

会以减少学生花在擅长科目上（让他们感觉受到鼓励的科目）的时间，直至他们在弱势科目（让他们沮丧的科目）取得更好成绩的方式惩罚他们。实际上，老师可以教学生在弱势科目上花足够的时间来保持进步，而把大多数时间都用于加强自己的优势。

当你准备谈学生的优势、困难或需要发展的方面时，重要的是要从学生及其父母的角度来想一想。当一种信任和安全的关系已经建立起来时——就像第51页的"关爱"描述的那样——父母和学生才会更愿意接受老师的反馈。有些老师以给学生邮寄欢迎明信片来开始每一学年。学校开放日也是增强学生家庭和学校之间沟通的另一个机会。热情、关爱的沟通会为尊重和信任打下基础。要经常用电子邮件或学校通讯继续这种向父母们传递沟通计划和期望的过程。有效的沟通会使父母们在整个学年都能了解情况，并和学校保持连接，并且为有效的父母-老师-学生三方会打下一个基础。

工具应用实例——加利福尼亚州圣何塞市

父母-教师-学生三方会，在我们学校是标准做法。作为一位母亲，在我的两个女儿读小学和中学的整个过程中，这给我和她们两个都带来了巨大的好处。

我们一年两次的三方会是由学生主导的。在会前，学生们要认真思考自己的学习，并为他们想与父母分享的每门功课准备作业样本。

在开会时，由学生主导，分享他们对自己的学习、成就及错误的了解和感受。他们要为本学年剩下的时间设立学习目标。他们还可以说出自己需要父母和老师给予怎样的支持。

我的两个女儿真的把她们的学习当成了自己的事情，她们很了解自己学会了什么，以及可以采取什么措施学习自己还不懂的东西。作为母亲，我能从她们的分享中看到她们的独立、骄傲和动力，这有助于缓解我作为父母对她们的教育的焦虑。

——凯西·川上（Cathy Kawakami），靛蓝项目学校

注册正面管教导师

工具应用实例——佐治亚州亚特兰大市

开家长会的日子到了。爸爸和妈妈们在教室进进出出，了解孩子的进步，同时也告诉我需要知道的每个孩子的社会、情感和教育的发展。

山姆的父母来到学校，眼里带着希望和些许忧虑。你知道，对于我教的一年级和二年级学生来说，他们在学校里要非常努力才行，山姆尤其如此——学校从各个方面来看都不容易。对其他孩子来说很容易的事情，对于有学习差异和困难的孩子来说都让他们羡慕。我的工作的一个重要部分就是通过连接、尊重和鼓励来教给这些学生取得成功所需的东西。如果我能做到这一点，我知道他们付出的艰苦努力和坚持不懈就会以他们想象不到的方式得到回报。

所以，当山姆的妈妈和爸爸坐在我面前时，我知道必须真诚而同情地与他们交谈。山姆刚到我的班里的时候，他没有自信，学习也不好，并缺乏归属感。对于学习有差异的孩子来说，老师必须营造一个重视并鼓励连接和努力学习的学习环境。这种环境对于任何学业进步都是至关重要的。

渐渐地，通过这一学年的班会、鼓励和主动解决问题，山姆开始取得成功。我能看到他越来越好——通过大量的努力、恰当的指导，当然，还有他的勤奋！

在家长会上，我几乎可以看到山姆的父母把他们对山姆——他们的独生子——的希望和梦想，都放在了我们之间的那张小桌上。当我尽自己的最大专业能力解释山姆在学习上的细微差异、他的进

步以及他的学习需要时，我可以看到他们的脸上的期待。对我来说很明显，我需要与他们的希望与梦想相通。

因为我不仅已经有幸教给了山姆阅读，而且在班级里培养积极的交往环境的过程中与他建立了情感连接，我能够真正看到并欣赏到他有多么了不起。我和山姆的父母分享了我对他的未来的真诚信念，因为这与他各个方面的成长和发展都有关系。欣慰的泪水顺着山姆妈妈和爸爸的脸颊流了下来。当我伸手去够面巾纸盒的时候，我知道一切都会变得好起来。

正面管教的原则不仅能够影响并改变孩子，而且能够影响老师以及所有爱孩子的人。

——一年级和二年级阅读教师

工具提示

1. 每个人（父母、老师和学生）在来的时候，都准备好以下问题的答案了吗？
- 什么事情做得好？
- 对于做得好的事情，怎样进行鼓励和支持？
- 哪些方面的改进会让学生受益？
- 为支持这些改进需要怎么做？

2. 在三方会上，要让每个人都分享他们为以上问题写下的答案。要让学生先分享。

研究这么说

"哈佛家庭研究项目"推荐一种老师可以从学生父母那里了解尽可能多的信息的双向对话。[1]这种方式可以使老师与孩子的家人建立起尊重和信任，并强调建立一种相互了解学生情况的关系，以便支持学生。当小学生参与父母和老师的见面时，他们的参与能够产生积极的情感，这会有益于他们的学习。此外，父母对于自己的孩子与老师的关系会获得重要的洞察。研究证实了家人的参与和学生的成功之间是正相关的。无论人种/种族、阶层或父母的教育程度如何，都存在这种正相关关系。[2]

例如，马尔孔（Marcon）对708名学龄前孩子及其父母的参与进行了三年的追踪研究。这项研究的参与者主要是全日制公立幼儿园或"启智计划"的低收入的非洲裔美国学龄前孩子及其父母。马尔孔让老师们根据家长会、家访以及在学校做义工的情况，对父母们的参与进行打分，并与学生的成绩进行比较。该研究发现，当父母们参与较多时，他们的孩子——特别是男孩——表现得就越好。[3]

[1] Harvard Family Research Project. (2009). Parent-teacher conference tip sheets for principals, teachers, and parents. FINE Newsletter 1, no. 1.——作者注
[2] Henderson, A., and K. Map. (2002). A new wave of evidence: The impact of school, family and community connections on student achievement. Southwest Educational Development Lab, Institute of Education, Austin, TX.——作者注
[3] Marcon, R. A. (1999). Positive relationships between parent school involvement and public school inner city preschoolers' development and academic performance. School Psychology Review 28, no. 3, 395–412. ——作者注

班级事务

永远不要替孩子做他们能做的事情。

——鲁道夫·德雷克斯

为了省事，很多老师会做一些学生自己能做，或者他们可以相互做的事情。这方面的一个例子就是班里的墙报。当然，教师做的墙报可能看上去比学生做的更好，但是，这对学生来说是失去了一次感觉到他们能干的机会，以及墙报"属于他们自己"的自豪的机会。我们可以保证，你的学生对自己的同学做的墙报要感兴

"如果有一个学生拒绝坐在座位上，就让他去替你送信、收作业、收发书本、倒废纸篓。"

趣得多。

班级事务给学生们提供了一个以一种有意义的方式定期做出贡献的机会。这些事务会促进班里的责任感以及相互的尊重，而且，当学生们做出所需要的贡献时，他们会感觉到归属感和能力感。

要让全班学生参与头脑风暴，列出教室里需要做的所有事务的一份清单，并让他们决定怎样轮换，以便不会有人总是做最不好的事务或最好的事务。当老师让学生们一起制作班级事务清单时，学生们就会有主人翁意识。这个过程本身就会立即对学生们的归属感和贡献感产生积极的影响。

工具应用实例——印第安纳州韦恩堡市

这个学年一开始，就有一点挑战。在进教室时，有些学生们总想排在第一个，为班里的其他学生扶着门。当这个挑战在班会上被提出来之后，学生们开始热心地思考解决这个问题的方案。

大家一致同意，列出一个想做"扶门员"——他们给这件事起的名字——的学生的名单，并且每天在这些学生中轮换。孩子们把这份名单放在了门旁边，以便他们每天能看看该轮到谁。

在这个解决问题的努力中，最神奇的是孩子们是靠自己来跟进实施的，没有老师的任何指导。当有学生喊着想当"扶门员"时，得到的回答总是："我们需要遵守约定。还没轮到你。请去看名单。"

——娜塔莉亚·斐乐斯（Nataliya Fillers），橡树农场蒙台梭利学校
注册正面管教讲师

工具应用实例——秘鲁利马

对我来说，让我的所有学生感到他们对班集体和我都很重要，是非常重要的。正面管教"班级事务"工具比我预想的能更有效地实现这个目标。

重要的是要注意到，我是在一个有35名学生的三年级班里运用这个工具的。尽管人数相当多，但每个人在班里都承担一项具体职责的目标实现了。这种事务分配使每个孩子都感到自己是集体的一部分，每个人都能在尊重同学的同时，提出解决问题的方法，每个人都能够感觉到被倾听、被考虑到，并且能够自由地说出自己的想法。

对我来说，放弃对他们的控制换来了他们的参与和合作。现在，我和学生之间建立的关系更亲密并且更尊重了。我每天都带着喜爱和赞叹看着他们取得的成功，他们知道他们可以依靠我来得到鼓励，但是，他们也知道他们有能力靠自己完成很多事情。

例如，当我带领一个活动时，负责计时的学生会通过举起一个显示我还剩五分钟的牌子，让我知道我应该准备结束了。另一个负责致谢的学生会让我们思考，对大家说："闭一会儿眼睛，让我们回忆一下谁为我们做了特别的事情，或者谁在努力变得更好。仔细想一想，以便你能向他们致谢。"当他们在思考之后彼此说出名字给予致谢时，我感到很惊讶。"谢谢你在我悲伤时给我鼓励。""谢谢你帮我讲解家庭作业。""谢谢你邀请我一起玩。""我认识到你做出了很大努力，在等着轮到你的时候再说话，没有打断别人。"

他们各自的班级事务职责所带来的归属感，再加上一再被倾听和被认可的体验，使得做出不良行为的学生越来越少，因为他们不再需要为得到关注或感觉到自己重要而做出不良行为了。

这并不意味着我们再也没有任何问题；区别在于我们学会了以相互帮助与合作来解决那些问题。这需要耐心、毅力以及对这个过程的信心。不像为改变学生的态度而运用惩罚和奖励，其结果是立竿见影但不长久的，正面管教的效果是长远的。

——桑德拉·科莫纳斯（Sandra Colmenares），三年级教师
注册正面管教讲师

工具应用实例——埃及开罗

我在十二年级班里遇到一个态度非常叛逆的学生。他总是在班里质疑我的权威。他做或不做要求他做的事情完全靠运气，取决于他当时的心情。

在直面管理这个十几岁孩子的班级的困惑时，我决定让我的同事帮助我寻找解决方案。在大家用头脑风暴想出的很多办法中，我选择了通过让这个学生在每次上课前负责检查出勤来赋予他力量。

我吃惊地发现这个要求让他那么高兴。他对那些上课铃响后才进教室的同学甚至比我还要严格。他自己从不迟到，并且立刻开始了履行这个职责，而且没有怨言。我们的权力之争结束了，因为我通过让他帮忙给他提供了一个感觉到归属感的途径。"寻求权力"错误目的的密码信息"让我帮忙"真的很管用。

——玛乔丽·沃特林（Marjorie Vautrin）
绿洲国际学校十二年级教师

工具提示

1. 培养一屋子的小帮手，会让你的工作轻松一些，同时会让

你的学生感觉到自己被需要并且很能干。

2. 要用头脑风暴给每个学生都找到事做。例如，给植物浇水、清空转笔刀、发卷子、整理书架、操场设备监督员、卫生打扫监督员、气象员、废物回收管理员、考勤员、办公室信使、早晨问候员等等。

3. 增加一个"班级事务监督员"，监督各项事务的完成情况。

4. 将班级事务列成清单，贴在教室里。

5. 进行轮换，以便每个人都熟练掌握所有事务。

研究这么说

德拉克（Durlak）及其同事在《儿童发展》的一份报告中，确认了学生们在教室和学校里做出贡献的重要性。此外，一些建立在证据之上的项目（基于该领域最佳而且有效证据的项目）的一个基本构成部分，就是社会和情感技能的综合性学习。给学生提供日常机会，让他们通过班级事务、同伴辅导或作为"积极暂停伙伴"（第196页）来做出贡献，只是正面管教满足这些以证据为基础的标准的几个例子。这份报告引用了在教室里做出贡献的一些具体益处，包括学生们的满足感和归属感。此外，在教室里做出贡献还能增强学生的积极性和参与。《儿童发展》发表的这份研究，为阿德勒和德雷克斯在很久以前确认的孩子们对归属感和价值感的需要，以及他们以有意义的方式做出贡献的重要性，提供了强有力的支持。正面管教的工具，就是为帮助教师们在实际中运用这些研究确认的对学生们的长期成功很重要的东西而设计的。

贡 献

> 我们只有通过给学生机会去承担他们自己的责任，才能教给他们责任感。
>
> ——鲁道夫·德雷克斯

"我这周的班级事务是图书馆小帮手。老师说我要和杜威十进制一起工作？"

我们听到过很多教师抱怨自己的工作有多么难，因为父母们把孩子送进学校有一种理所当然的感觉。这种抱怨也许没错，但老师无法改变父母们。然而，老师能够确保自己的学生学会贡献的艺术，一种让他们受益终生的技能。

阿德勒相信，所有人的首要需求都是归属感，并且

Gemeinschaftsgefühl是对精神健康的一种衡量。正如我们在前面提到的那样，Gemeinschaftsgefühl的基本含义是"社会意识和一种贡献的愿望和意愿"。因而，归属感和贡献是同等重要的。很多父母在帮助他们的孩子感觉到归属感方面做得很好。然而，如果不教给孩子们贡献的重要性，天平就会失衡。当贡献缺失时，孩子们就会养成一种认为自己所得的一切都理所当然的感觉。

研究表明，孩子们似乎天生就有贡献的欲望。沃纳肯（Warneken）和托马赛拉（Tomasella）发现，孩子们从很小的时候开始，就有一种帮助他人的天然本能。在一项研究中，几个18个月大的婴儿和他们的母亲被带到一个房间，看着实验人员手里的晒衣夹掉到地上。这些孩子看了几秒钟后，会把晒衣夹捡起来，交给实验人员。[①]在另一个场景中，实验人员试图把书放进一个关着门的柜橱里。幼儿在看到实验人员好几次撞到橱柜门上之后，会走过去帮助实验人员打开柜门。如果你想感受心被融化的感觉，可以自己观看视频，网址是：https://www.youtube/kfGAen6QiUE。

太多的时候，即便孩子们想做贡献，他们也会被阻止。一个两岁大的孩子可能会恳求或要求："我来做，我来做。"大人们有时候不是花时间尊重并赞赏这种想帮忙的愿望，而是会以自己接手来阻止孩子的努力。或许大人是急着做完这件事，或者是认为孩子无法做得"足够好"。父母们没有意识到，这种阻止是在拒绝给孩子实现其内在的做贡献愿望的一个重要机会。重要的是，不要在教室里重复这种模式。

随着孩子们逐渐长大并习惯于别人帮他们做事情，他们就有可能丧失想做贡献的天生愿望。他们会习惯别人为他们做事情。有些孩子如果被要求给别人做事，他们似乎会将其看作是一种负担，甚

① Warneken, F., and M. Tomasella. (2006). Altruistic helping in human infants and young chimpanzees. Science 311, 1301–1303.——作者注

至是一种侮辱，而同时，他们会不停地向别人提要求。在学校里，他们似乎想要并期望得到和在家里同样的特殊对待。

一个人越想做贡献（在自己的家里，教室里，社区，以及为这个星球），其整体心理就越健康。贡献会促进归属感和能力感。我们不应该由于为孩子做太多的事情，而剥夺孩子的这种天生能力。

班会为教学生做贡献提供了最全面的途径，尽管还有很多其他途径。任何时候让学生们参与解决问题并专注于解决方案，他们就能更多一点了解如何以有意义的方式做出贡献。

工具应用实例——法国巴黎

在一个差不多都是15岁学生的中学生班里，我正在上正面管教课。我要介绍"掌中大脑"（第183~184页）和"积极的暂停"（第196页）；然而，学生们的聊天让人很厌烦，我们无法集中注意力，也听不清对方在说什么。于是，我决定请求学生们的帮助，并说："我需要你们的帮助。告诉我我们需要怎么做才能营造一个有成效的氛围，并尊重别人说话。"他们吃惊地看着我，回答道："留校三个小时。"

这所学校对学生非常严格，教师经常让学生留校。我告诉他们，我不愿意让他们留校，而是需要大家做头脑风暴，并找到其他办法。

他们开始思考并提出建议。那个负责决定谁可以发言的学生会传递发言棒。我问了他们更多的问题来帮助他们思考，有那么一刻，一种死寂一般的沉默充满了整个教室。我想是我问的问题太多了，没有给他们留下足够的思考空间。我问道："现在是怎么回事？"一个女生回答："是压抑。"我笑着问道："在压抑和不停地聊天之间，有其他可能吗？"

有个学生说："如果我们想说话的时候举手怎么样？"另一

个说："可所有老师都让我们这么做呀。"那个说"压抑"的女生说："各位，当我们决定自己想举手的时候，我们是自由的。当老师让我们这样做的时候，那就是压抑。我们想怎么选择？"

这时，又出现了长久的沉默。然后，他们都决定，他们可以举手，并且仍然是自由的。他们只花了十分钟就得出了这个结论，因为他们被邀请贡献自己的想法，这节课剩下的时间，学生们都很有礼貌，整个课堂气氛非常积极。而且，他们学到了很多。他们教会了自己什么是自由！

——纳丁·戈丹（Nadine Gaudin），学前和小学教师
注册正面管教导师

工具应用实例——伊利诺伊州芝加哥市

作为一位母亲和正面管教导师，我对自己的孩子在一所运用正面管教的学校上学感到非常幸运。校长让我用一个小时和新来的校长助理聊聊正面管教的基本原理。当我预约夏天的时间时，唯一可行的时间是我带着两个孩子（朱利安8岁，夏娃7岁）过暑假的时候，所以，我建议他们和我一起去。

我的两个孩子知道我是家长课导师，并且，他们协助过我准备上课用的材料；他们经常和我一起准备课堂活动所需的覆膜卡片或其他小道具。所以，在我和校长助理交谈时，他们不只是坐在附近的小桌子旁。我们请他俩分享了不同的正面管教工具在他们自己的教室里是如何运用的，校长助理和我从孩子的视角来观察正面管教。

我儿子（刚上三年级）解释了他的老师如何用班会来解决问题。我女儿演示了"查理"活动，并给校长助理看了她为我们家画的"选择轮"。两个孩子还读了"提问与告诉"活动。看着他们，

真是很有趣。在回答"作为一所学校，我们在哪些方面可以做得更好？"的问题时，我儿子说可以教给代课老师一些正面管教技能，我女儿说想在操场上设一个"冷静区"。

看着孩子们与校长助理的交谈，我对他们双方的下一学年感到很兴奋。后来，校长助理发邮件给我，说她永远不会忘记"被弄皱的查理"——我知道她会更深刻地看待其工作，并且亲眼见证了其新的教师团队的目标。

对于我的两个孩子，看到正面管教真正贯穿在他们学校的日常生活中，看到他们能和刚认识的大人如此自如地分享，我感到很兴奋。作为一名正面管教导师，我对将孩子们的声音带进对成年人的培训中的可能性感到很受鼓舞。

——克莉丝汀·霍威尔斯（Kristin Hovious）

注册正面管教导师

工具提示

1. 想想学生们能替你分担的所有事情（例如写告示牌、早上的问候，甚至是教一些课）。把这些事务分配给你的学生。

2. 要用语言表达感谢他们为积极的班级氛围做出了多么大的贡献。

3. 只要可能，就让学生参与。例如："同学们，我们现在出现了一个扰乱课堂的问题。我需要你们帮助解决这个挑战。"

4. 关于提供做贡献的机会的其他主意，见"班级事务"和"班会"（第157页和129页）。

研究这么说

阿德勒心理学的研究表明，社会兴趣（一个人想做出贡献的欲望和意愿）与整体精神健康之间有一种直接的关系。社会兴趣和归属感，与成年人以及孩子在面对压力时可动用的资源以及恢复能力有关。[①]

此外，加州大学伯克利分校"至善中心"的教育总监写道：

学校不需要奖励好行为；来自于帮助别人的那种温暖的感觉是一种自然的奖励。那些看到别人做出意料之外的善举的人，往往会有一种相似的温暖和振奋的感觉——这正是心理学家和研究者乔纳森·海德特（Jonathan Haidt）所说的……升华。海德特的研究表明，在各种文化中，当人们看到别人做出勇敢或同情的行为时，他们会被感动并受到鼓舞，并且这种升华使他们更有可能想去帮助别人并成为更好的人。[②]

这篇文章确认了奖励学生的善举在我们现在的学校中有多么普遍，并指出了促进这种奖励的做法与研究所表明的培养利他主义倾向的做法正好相反。

[①] Edwards, D., K. Gfroerer, C. Flowers, and Y. Whitaker. (2004). The relationship between social interest and coping resources in children. Professional School Counseling 7, 187–194.——作者注

[②] Zakrzewski, V. (2014). Just for the joy of it. Educational Leadership, June,22–26.——作者注

避免奖励

奖励和惩罚不能产生内在的激励，即便能也是短暂的，并且需要不断地反复使用。

——鲁道夫·德雷克斯

"我试过了各种方法让我的学生们专心听讲。我试过贿赂、讽刺挖苦、让他们内疚、羞辱以及威胁。但都不管用！你在专心听我说吗？"

学生们喜欢奖励，老师们也把奖励看成是快速而有效地激励学生的方法——尤其是因为奖励很管用！但是，要停下来想一想。当学生因为好行为或好分数而得到奖励时，他们从中会学到什么？他们学到了为内在奖励而取得好成绩和做出好行为吗？或者，他们学到的是外在奖励——而非成绩或贡献本身——是重要的目标？他们学会了思考如何获得更大更好的奖励吗？当他们不再想要奖励时，他们会决定停止好行为，或者停止取得好成绩吗？

学生们喜欢很多对他们不好的东西，比如糖。少量的糖不会有害，但太多就会造成依赖性（成瘾）。本书引言中讨论的正面管教五个标准中的第三个，是正面管教是"有长期效果的"。有时候，当长期效果对学生不好时，我们需要"当心"那些管用的好东西。

在"贡献"（第162页）那一节，你了解了帮助学生们培养归属感和贡献感的重要性。体验到一种归属感，以及对一项成就或做出一个贡献感觉良好，都是能够被外在奖励弱化的内在奖励。

我们都喜欢来自别人的感激，但是，什么时候外在的感激会变得比内在满足更重要呢？觉察能够帮助我们找到平衡，使我们享受外在感激，而不会让它超过内在满足的喜悦。

工具应用实例——秘鲁利马

对我来说，很难相信不用惩罚或奖励就有可能进行管教，因为这是我以前用来激励学生做出好行为的方法。我已经让他们知道了不按照规定做会有什么后果。这种办法立竿见影，并且让我内心很平静。

但是，尽管对这种新的正面管教方法的效果心存怀疑，我还是冒险进行了检验。在我的试验快结束的时候，我明白了我不必对我的学生施加控制，而是能够创造一种氛围，让学生们专注于解决问题、提出改进的目标，并努力带来变化。

例如，我的班里的一个问题是，孩子们在做专题作业时要花很长时间做准备。这种情况总是发生在午餐时间之后，当他们应该清理所有餐具，并按分组摆好课桌的时候。这会花很长时间，并最终导致没有足够时间完成手头的任务。

我们在一次班会上提出了这个问题，他们写出了以下改进办法："我们想减少做专题作业的准备时间，所以，让我们先收拾好自己的东西，并在午餐前摆好课桌。我们必须把电脑计时器设置成十分钟，用来计时。"

令我吃惊的是，孩子们休息回来后，就摆好了课桌，没有用我说任何话。其中一个学生承担起了用电脑计时的责任，并把倒计时投射在屏幕上，以便所有人都能看见。不到十分钟，大多数学生已经落座，并准备好开始了，他们又设置了秒表，来显示全班做好准备所需要的时间。那些磨蹭的学生受到同伴们的鼓励，动作快了起来，而且所有学生都很高兴，因为他们在不断改进并尝试不断地打破记录。

我已经毫无疑问地证实了正面管教很管用，学生们的进步让我感到很神奇。他们不再需要一位成年人确保他们做正确的事情，因为他们想让自己的班级有一种相互尊重的氛围。

——桑德拉·科莫纳斯（Sandra Colmenares），三年级教师
注册正面管教讲师

工具应用实例——加利福尼亚州圣地亚哥市

我四岁的儿子德克斯特，开始了学前班新的一年。德克斯特学前班的老师想激励学生遵守指令、参与课堂，并做出符合社会规范的行为。所以，他们决定在教室采用贴纸表。当一个学生得到五个小贴纸时，他就能从奖品盒里拿一个奖品。

上课的第一天，对德克斯特来说很艰难，但是，因为是第一天，他得到了一枚贴纸。第二天，他没得到贴纸。接下来两天，他努力得到了贴纸，但是，在此后的两天，他仍然有很多困难。

每天早上开车送他去学校的路上，我会告诉他需要怎么做才能

拥有成功的一天。我会紧接着说一句："我相信你今天会做出好的选择。"

在他没有得到贴纸那两天中的第二天，我问他："从老师那里得到纸贴对你重要吗？"他停了几秒钟，然后，看着我的眼睛说："哦，是对老师来说很重要。"

这种洞察，强化了外部激励对我们的孩子来说不管用的观点。贴纸表让其他学生也变得很苦恼，以至于一些原本喜爱上学的孩子也开始对父母说他们不想去学校了。幸运的是，老师们意识到了这张表给孩子们带来的压力，没有再继续使用。

在同一个班里，有一个在第一周就得到了全部五个贴纸的4岁女孩，但是，在第二周，她在按要求去做时遇到了困难，并且不再有动力去赢得贴纸。当她父母问她时，她只是说："我不需要得到更多贴纸了。我已经得到了奖品。"这是从外部激励一个四岁孩子的又一个失败尝试。

——杰弗瑞·塞勒（Jeffrey Saylor），一位父亲

工具应用实例——厄瓜多尔瓜亚基尔

上学年一开始，我就采用了一种奖励制度。当时，很多其他教师都在用ClassDojo（一种奖励制度）。我既没有进行评估，也没有进行思考，便认为我要跟着做。然而，在成为一名正面管教讲师后，我了解到了奖励的负面影响。

在建立起开班会的惯例，并建立一个以相互尊重为基础的班级后，我们全班同学讨论了这种奖励制度。听到这种奖励制度给学生们造成了怎样的感受，让人大开眼界。

最后，学生们写了一句很短的话，来解释他们的感受。全班同学投票表决，他们是想保留这个奖励制度，还是要放弃它，专注于

解决问题并把错误当作学习的机会。大多数同学都选择放弃这个奖励制度，并在之后再没用过。整个班级的环境变得更尊重，并且更少出现权力之争了。

——杰里米·马西斯（Jeremy Mathis），泛美中学四年级教师
注册正面管教学校讲师

工具提示

1. 奖励教给孩子们的是外在激励。正面管教教给孩子们的是内在激励。

2. 要帮助学生们喜欢上感觉到自己很能干以及正在做出贡献的内在奖励。例如：

- 不要奖励，而要让学生们把问题放到班会议程上，以便全班同学能参与寻找解决方案。
- 寻求帮助："现在我需要你的帮助。你对于相互尊重的解决方案有什么主意？"
- 问："什么会帮助你在从现在开始的一年里感觉良好：一个外部奖励，还是自己完成一个目标并做出一个有益于他人的贡献？"

研究这么说

科恩（Kohn）报告的一项研究显示，奖励（贴纸、糖果、表

扬）会降低学生重复做受到奖励的任务的内在激励。①虽然老师们说奖励能够迅速地让学生安静地做事，但他们没有理解其长期效果。科恩认为奖励是有风险的，因为它无法帮助学生们发展内在激励、自立或责任感。②费伯斯（Fabes）、富尔茨（Fultz）、艾森伯格（Eisenberg）、梅-普朗利（May-Plumlee）和克里斯托弗（Christopher）着手研究了奖励所产生的效果。他们的发现，揭示了奖励如何破坏孩子们的亲社会动机。当他们研究的学生因为帮助别人而得到奖励时，在随后让孩子们自由选择是否帮助他人的实验中，孩子们帮助他人的内在亲社会动机减弱了。③

早在1970年代的教育研究，就已经表明了奖励对内在激励和学习过程会产生的负面影响。莱珀（Lepper）、格林（Greene）和尼斯贝特（Nisbett）发现，那些没有因为自己的作品而得到奖励的喜欢画画的孩子，与那些被分配到画画会得到奖励的小组中的孩子相比，在一件作品上会花更多时间。这项研究尤其表明，当事先约定奖励时，似乎会对孩子们的兴趣和动机产生负面影响。应该注意的是，即便是在学生对画画有极大兴趣的前提下，也会出现这种情况。④奖励对内在动力的负面影响，在年龄更大的学生样本中，也被观察到并记录过。德西（Deci）的报告指出，用金钱对大学生进行奖励，对他们的学习动力有负面影响。即便是那些被研究者确认

① Kohn, A. (1993). Punished by Rewards: The Trouble with Gold Stars, Incentive Plans, A's, Praise, and Other Bribes. Boston: Houghton Mifflin.——作者注
② Kohn, A. (1994). The risk of rewards: ERIC Digest. ERIC Clearinghouse on Elementary and Early Childhood Education, Urbana, IL. ERIC Identifier ED376990.——作者注
③ Fabes, R. A., J. Fultz, N. Eisenberg, T. May-Plumlee, and F. S. Christopher. (1989). Effects of rewards on children's prosocial motivation: A socialization study. Developmental Psychology 25, 509–515.——作者注
④ Lepper, M. R., D. Greene, and R. E. Nisbett. (1973). Undermining children's intrinsic interest with extrinsic reward: A test of the "overjustification" hypothesis. Journal of Personality and Social Psychology 28, 129–137.——作者注

为有内在动力的大学生，在得到金钱奖励后，动力也会减少。

　　格伯雷诺（Garbarino）仔细研究了进行奖励时的人际互动（语言和情感基调）。在由五年级和六年级学生辅导低年级学生的辅导小组中，格伯雷诺发现了奖励组和无奖励组在沟通中的差异。在有奖励的小组中，担任辅导职责的学生会更多地做出负面评价。而无奖励组中担任辅导职责的学生的情绪基调更正面。[1]

　　穆勒（Mueller）和德韦克（Dweck）的研究表明，即便是口头奖励或表扬也会削弱学生们的动力和表现。[2]德韦克对表扬的深入研究说明了口头表扬会如何影响到个人的心态。[3]那些得到的反馈建立在自己的努力和过程基础之上的学生，会形成成长型思维模式，而那些得到表扬的学生会形成固定型思维模式。固定型思维模式的学生会寻求更容易的任务，并逃避那些不容易完成的任务。另一方面，具有成长型思维模式的学生会寻求更难的任务，并且似乎得到了那种来自于努力做一件事情并在遇到困难时也坚持不懈的内在情感的认可。

---

[1] Garbarino, J. (1975). The impact of anticipated reward upon cross-age tutoring. Journal of Personality and Social Psychology 32, 421–428.——作者注
[2] Mueller, C. M., and C. Dweck. (1998). Praise for intelligence can undermine children's motivation and performance. Journal of Personality and Social Psychology 1, 33–52.——作者注
[3] Dweck, C. (2006). Mindset: The New Psychology of Success. New York: Random House.——作者注

第5章

冲突的解决

12+6=89

约定和坚持到底

一个老师的成功，在很大程度上取决于他为了一个共同的目标将全班团结起来的能力。

——鲁道夫·德雷克斯

通常，老师们会决定学生该做什么或者不该做什么，并将他们的决定告知学生，然后就将其称为一个约定——尽管学生们并没有参与约定的制订。例如，下面的卡通画表现的就是一个学生不愿意签署一份老师单方面制定的约定。

在两幅卡通画里，都是一方做出了一个需要执行的决策，而没有让另一方参与——并招致了反叛。实际上，一个没有所有人都参与的约定就是一个通告，而通告是不会被学生很好地接受的。参与会让约定更好地被接受并被努力遵守。

孩子们曾经一排排整齐地坐好，顺从地按照老师的要求去做。很多老师也许渴望那些"过去的好时光"。但应该这样吗？这些老

"我们的约定是什么？"

"我不能签署这份行为合同，除非我的律师审核过。"

师自己想要像他们希望学生做的那样服从权威吗？或者，他们想要提问题和挑战现状的自由和尊重？当学生们的个性被那些做出顺从榜样的老师们窒息时，学生怎么能学会承担责任和解决问题呢？

　　这样一种教育模式对自尊、个人成长以及人类潜能的实现都是毁灭性的。相反，让我们关注我们在创建一种对所有人平等、尊严和尊重的氛围之路上已经走了多远。是的，我们仍有很长的路要走，但我们已经取得了进展。要用下面达成约定并跟进执行的步骤，作为保持相关的每个人的尊严和尊重的一种方式：

　　1. 进行一次学生们和老师都能说出自己的感受和想法的融洽的讨论。这种讨论可以在班会上进行，或者以一对一的方式进行。

　　2. 一起用头脑风暴寻找解决方案，并找到一个大家都同意尝试的方案。

　　3. 就约定实行的确切时间达成一致（你稍后就会看到这一点的重要性）。

　　4. 如果约定没有被遵守，要问："我们的约定是什么？"如果以友好的方式问学生这个问题，他们通常会感觉自己受到了激励去遵守约定。如果约定不管用，要按照这些步骤再做一次，从讨论为什么不管用开始。

当学生出现具体的问题时，要单独和他们谈。花时间进行一对一的面谈，会表明你对他们的关心。在你探究达成约定的计划过程中，要运用启发式问题来探究学生的看法。你可以以这样的问题开始："你愿意听听我的想法吗？"或者"你愿意听听对遇到过这个问题的其他学生管用的办法吗？"

"约定和坚持到底"这个工具可以作为一个提醒，让我们记住，如果你想要合作、相互尊重、担当和责任感，花时间让学生们参与有多么重要。

工具应用实例——加利福尼亚州圣地亚哥

我的成功故事涉及到两个正面管教工具：通过运用"启发式问题"，进行"约定和坚持到底"。在我们学校，各班自己决定每天的事务和活动中的约定，包括如何使用户外游戏设施。学前班和一年级孩子们的一个约定是如何轮流玩秋千。学生们决定，如果秋千都被占用了，等待的人要站在离秋千安全的距离之外数数，荡秋千的孩子的脚往前荡一次，就计数一次，直至数到三十。然后，荡秋千的孩子就需要把秋千让给等待着的学生。

一天，我正在做午餐值日，一个学前班的学生过来告诉我，有一个荡秋千的孩子不遵守约定。我走到秋千那里，问那个学生是否知道轮流玩秋千的约定是什么，他说他知道。

我问："等待的人数到30了吗？"

他说："是的。"

我问："在一个学生数到30后，应该怎么做？"

他说："从秋千上下来。"

这个学生停止了荡秋千，从上面跳下来，去玩儿其他游戏了。

成功了！感谢那些花时间和学生们制定了这些约定的老师们。这证明了规则不一定需要由大人制定，而且，当孩子们参与做决定的过程时，他们更有可能合作。

——唐娜·纳皮尔（Donna Napier），创新学校办公室主任
注册正面管教讲师

工具提示

1. 如果你说了，就要当真；如果当真，就要坚持执行。（启发式问题是坚持到底的一个很好的方法。）

2. 关键是要做到和善与坚定并行。

3. "我知道体验你自己的选择带来的后果不好受。我很尊重你，不能解救你。"

4. "我们要坚持我们的约定，直到有时间想出一个更好的约定。"

研究这么说

在对一百多项研究进行回顾的基础上，马尔扎诺（Marzano）认为师生关系的质量是有效的教室管理的基础。[1]那些与自己的学

---

[1] Marzano, R. (2003). What Works in Schools. Alexandria, VA: Association of Supervision and Curriculum Development.——作者注

生拥有高质量关系的老师，遇到的与纪律相关的问题会少31%。在与学生培养积极的关系方面，最重要的识别特征之一就是合作。根据这项研究，他建议教师通过集体讨论来建立班级规则与事务方面的约定。这种团队方式会帮助培养集体凝聚力，并鼓励合作。此外，与学生一对一地交谈来找到双方同意的解决方案会增进合作，并培养解决问题的能力。

了解大脑

> 头脑与身体是不可分的；它们是组成个体的部分，个体可以运用自己的全部功能来实现其设定的任何目标。
>
> ——鲁道夫·德雷克斯

你有过"非常生气"，并以事后感到后悔的方式做出反应的时候吗？也许，你甚至会告诉自己："我知道更好的办法。为什么我没有等到自己冷静下来，以便我能控制自己的行为并更理性一些呢？"

玛雅·安吉罗说过："我们知道得越多，就做得越好。"但是，这并不总是正确的。有时候，即便我们知道得更多，也无法做得更好，而且，这是有充分理由的。当人们生气的时候，他们的反应来自于大脑中负责战斗、逃跑或僵住的那一部分。大脑科学和研究表明，当我们处于战斗、逃跑或僵住的状态时，理性思考就消失了。所以，除非你是圣徒或超人，无论你多么痛责自己的非理性反应，你很有可能会再次这样做，正如你的学生们也会如此一样。

了解自己在做出被动反应而非深思熟虑的理性行为时大脑里在发生什么，对于老师和学生们来说都是很有帮助的。他们仍然会做出被动反应，但是，理解大脑在怎样运行，能够帮助他们更快地从战斗、逃跑或僵住的状态恢复过来，并进行自我调节，专注于解决问题。

"我知道你的一些学生非常捣蛋，但不要让你的脾气爆发。在发火前要倒数。"

丹尼尔·西格尔博士（Dr. Daniel Siegel）用他的手掌作为模型，演示了大脑各部位在对刺激做出反应时如何发挥作用。他建议我们必须"说出来，驯服它（name it to tame it）"。当你和你的学生理解了大脑在怎样对感觉到的挑战和压力做出反应时，你们也能学会"驯服它"的自我调节工具。你可以在https://youtu.be/gm9CIJ74Oxw看看西格尔博士的演示。看过这段视频后，你可以按照下面的步骤把你学到的教给你的学生：

1. 让你的学生张开手，跟着你做。

2. 指着手掌心向下至手腕的位置，并解释这个区域代表脑干，它负责对压力或危险做出战斗、逃跑或僵住的反应。

3. 把你的大拇指折向掌心。大拇指现在代表中脑（大脑边缘系统），这里存储着造成恐惧以及觉得自己不够好的感觉的早期记忆。中脑和脑干配合，唤起战斗、逃跑或僵住的反应。

4. 然后，弯曲你的其余四指，盖在拇指上，握成一个拳头。折叠的四指代表大脑皮质。前额叶皮质（指向你的四指尖接触手掌的位置）是理性思考和情绪控制的区域。

5. 当我们的情绪按钮被按到并且"非常生气"时，会发生什么呢？我们就会掀开我们的盖子（大拇指不动，其余四指伸展开）。

6. 这时，我们的前额叶皮质就不起作用了。在这种状态下，我们无法理性思考或行动。

孩子们（以及成年人）都想了解当他们被"战斗、逃跑或僵住"的冲动控制时，他们的大脑中正在发生什么。这有助于他们理解为什么学习"驯服"冲动的方法很重要，为什么解决问题或教室里的冲突的最佳时间是在冷静下来之后，并因此需要"积极的暂停"（见第196页）。

"积极的暂停"与惩罚性暂停有很大不同。"积极的暂停"会帮助学生在试图解决问题之前平静并冷静下来，而且他们理解为什么这样做很重要。对于学生们来说，这是一项需要学习的重要的人生技能："当我花时间冷静下来时，我就能更清晰地思考，并想出对每个人都有帮助的解决方案。"当学生们（和老师）花时间平静下来时，他们就能以共情、洞察力和良好的判断力对压力做出回应，而不只是做出被动反应。

工具应用实例——英国伦敦

在开学后的第二周，在我教给十年级的学生（15岁和16岁）掌中大脑和"积极的暂停"之后，第二天就遇到了需要在我的班里用到这些知识的情形。

那天，班里有几个学生一直捣乱并做出不尊重行为，我警告了他们无数次，仍然如此。我能够感到自己快要失控了。我平静地告诉全班同学说，我感到自己快要做出被动反应了，我需要每个人都到教室外面去休息五分钟，因为我需要"暂停"。我用手演示了我处于什么状态，以及我如何将要"掀开大脑的盖子"。

他们看上去有点震惊，因为他们没有想到我会在课上到一半时让他们离开教室。我花了几分钟时间，做了几次深呼吸，喝了一杯茶（我们英国的做法），让自己平静了下来。

当学生们在五分钟后回到教室时，我平静地说了我的感受和原因：学生们之间的非语言交流会让我分心，他们不合适的插话让我感到不被尊重。

有些学生说他们的感受跟我的一样，我们对非语言行为以及花时间思考自己的行为对集体是否尊重进行了一次很好的讨论。

学生们的行为改善了，而且，我感到了他们对我的尊重，因为我能够运用教给他们的知识，并让他们看到即便是成年人，在即将"掀开大脑盖子"的时候也需要做一次"暂停"。

巧合的是，那天晚上是返校之夜，我会见到所有学生的父母。我决定要和父母们分享一个体验式活动，让他们体验一下他们的孩子在班里学到的东西。所以，我演示了掌中大脑，并和他们分享了我当天是如何运用这个概念的。

尽管父母们对有些孩子在上课时行为不端感到很惊讶，但是，当他们看到即便老师在孩子们面前也会遇到和他们一样的挣扎时，他们松了一口气，而且，他们很感激现在有了一个工具，可以用于在家里与孩子的情形恶化的时候。我向他们强调了在家里做出榜样的重要性，我希望他们能够理解这一点。

这些工具对我来说非常有用，即便我是一个有很多年经验的教师。当我遇到班里有一群难对付的学生的时候，就是我拿出我的正面管教工具并再次使用它们的好时机。

——乔伊·马切塞（Joy Marchese），伦敦美国学校十年级教师

注册正面管教导师

工具提示

1. 试图在你的大脑处于"战斗、逃跑或僵住"的状态时解决问题，永远不可能有效。

2. 要通过观看丹尼尔·西格尔的演示，教给你的学生用手掌演示"掌中大脑"。

3. 要等到经过一段冷静期之后，你和你的学生能够接通大脑的理性思考部分时，再来解决问题。

4. 要教给你的学生冷静下来的方法。例如："积极的暂停"（第196页）、数到10、深呼吸、使用"选择轮"或"愤怒选择轮"（第188页），以及"把问题放到班会议程上"（第129页）。

研究这么说

丹尼尔·西格尔博士从神经学上解释了为什么了解大脑对教师们如此重要，尤其是因为这与学生们的压力反应有关。[1]研究表明，学生感知到的压力与学习成绩之间存在直接关系。这种压力和成绩之间的关系，即便在年龄更大的学生身上也得到了证明。例如，那些被故意告知男生的数学更好的女大学生，在随后进行的作为研究一部分的数学测试中成绩就不那么好。[1]西格尔建议，在和学生打交道时，不断地评估我们用的是上层大脑（负责思考、想象

---

[1] Siegel, D., and T. Bryson. (2011). The Whole Brain Child: 12 Revolutionary Strategies for Nurturing Your Child's Developing Mind. New York: Random House.——作者注

和规划的那部分），还是激活了下层大脑（负责调节基本功能，例如强烈的情绪、呼吸，以及面对危险时本能的战斗、逃跑或僵住的反应）是非常重要的。

而且，西格尔博士和布赖森（Bryson）指出了理解大脑研究所表明的在某些方面大脑直到青春期后期才发育充分的重要性。例如，乔杜里（Choudhury）、布莱克默（Blakemore）和查尔曼（Charman）使用神经影像学研究了青春期大脑发育的各个方面。[2]在他们的研究中，112名8~36岁的参与者执行由计算机控制的任务，从参与者自己或另一个人的情感角度来看待问题。研究中的发现表明，执行功能、共情和情感洞察力在整个青春期都处于发展过程中。正面管教帮助教师运用那些经研究证明与学生的发育、社会和情感需求相适应的管理工具。

① Beilock, S. L. (2008). Math performance in stressful situations. Current Directions in Psychological Science 17, 339–343.——作者注

② Choudhury, S., S. Blakemore, and T. Charman. (2006). Social cognitive development during adolescence. Social, Cognitive, and Affective Neuroscience 1, no. 3, 165–174.——作者注

选择轮和愤怒选择轮

孩子们是我们最大的未被开发的资源。他们有解决问题的很多智慧和天赋，只要我们让他们这样做。

——鲁道夫·德雷克斯

专注于解决方案是正面管教的另一个重要主题，而且，当我们教给学生所需的技能并鼓励他们运用时，他们非常善于专注于解决方案。教师不必同时扮演警察、法官、陪审员和惩罚者的角色，当学生们参与解决问题并受到尊重时，他们就会感到自己很能干，并会受到激励与老师合作。

"选择轮"提供了一种让学生们参与学习并运用解决问题技能的有趣而令人兴奋的方式。要用下面的说明让你的学生参与制作一个"选择轮"。

1. 给你的学生们看下页由一、二年级学生制作的"选择轮"。

2. 在一张大纸上画（或者让一个学生画）一个圆，并将这个圆划分成几块（有些老师用纸盘来做每个学生个人的选择轮）。

3. 对诸如打架、不按照顺序、骂人和插队之类的典型问题，用头脑风暴寻找可能的解决方案。一旦你们有了全体一致同意的几个尊重的、有帮助的解决方案，就将这些方案写到选择轮上分成的几块中。在外缘要给画符号和图留出足够的空间。

4. 让你的学生们画一些符号或图来代表每个方案。你可能想指派一组学生为每个解决方案设计一个符号。

5. 当选择轮制作完成后，请学生作为志愿者，角色扮演遇到问题的人（例如，因为运动器材打架）。在角色扮演过程中，让另一个学生把完成的选择轮递给角色扮演者，并请他们选择他们认为最有帮助的一个解决方案。

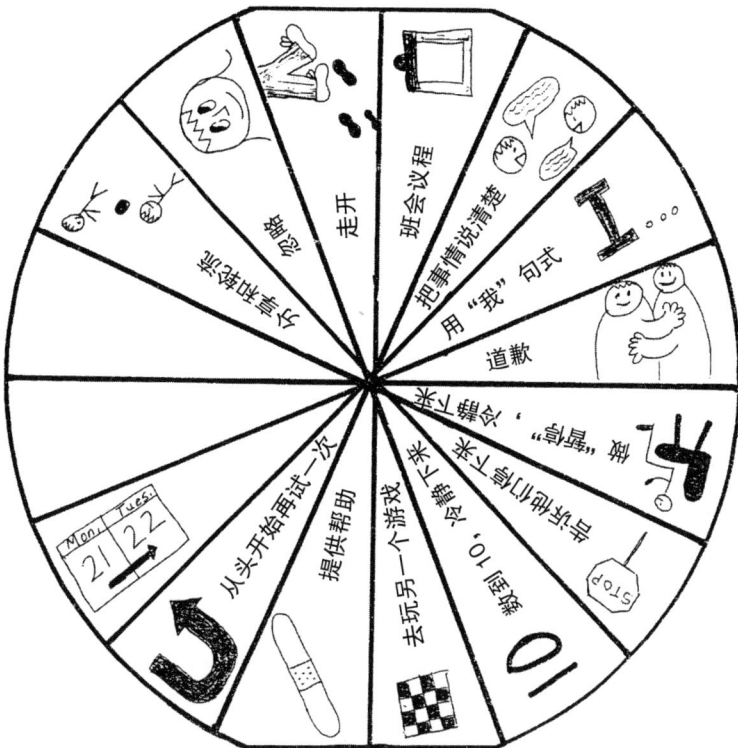

"我想不出科学展览的项目，所以，我重新发明了这个轮子。"

"我终于发现了如何让学生们在操场上停止打架。我禁止他们在课间休息时讨论政治。"

6. 把完成的选择轮塑封，并放到每个人都很容易看到的一个地方。

7. 当学生们发生冲突时，要问他们："在选择轮上找一个方案对你们会有帮助吗？"

在有些教室里，学生们在自己的课桌上有各自的塑封选择轮，作为专注于解决问题时手边的一个参考。有些学校在操场的墙壁上或者走廊布告栏放置一个很显眼的选择轮。你将在本节第二个"工具应用实例"中看到，一些学生如何将选择轮挂在脖子上。学生们可以为各种各样的解决方案制作一个选择轮。制作选择轮的过程，以及各种选择的视觉提醒，会帮助学生感觉到一种能力感以及合作的意愿。

你可能想增加一个"愤怒选择轮"，来教给学生对愤怒进行自我调节。对学生们来说，知道压抑感情和情绪是没有帮助的，以一种社会可接受的方式表达自己的愤怒要好得多，将是一种非常好的人生技能。要用下面的活动帮助你的学生制作他们的"愤怒选择轮"，并通过角色扮演来练习这些技能。

1. 让你的学生们进行一次什么会让他们感到生气的讨论。把他们的想法写在一张挂纸上。

2. 让他们分享一些人们表达愤怒的不尊重或伤害人的方式，并将其写在一张挂纸上。

3. 一起做头脑风暴，想出表达愤怒的恰当方式。要将它们都写下来。

4. 征求几个学生作为志愿者，制作一个有插图的"愤怒选择轮"，要列入他们最喜欢的选择。

5. 在班会上，用角色扮演来练习他们想出的主意。

6. 把"愤怒选择轮"放在教室里一个显眼的地方。

7. 当学生发怒时，你可以问："用愤怒选择轮来找到一个表达你的愤怒的方法，对你会有帮助吗？"

学生们可以为各种各样的挑战来使用选择轮。我们看到过学生用选择轮为准备考试的方法做头脑风暴，寻找冷静下来的方法，或解决其他具体问题。当学生们想出解决方案的时候，他们感觉自己被赋予了力量，而且，运用选择轮给他们提供了一种视觉提醒，让他们知道可以有很多种选择。

工具应用实例——伊利诺伊州布卢明顿市

从学前班到中学，选择轮都很受学生们欢迎。新学期开始，每个班都会制作自己的选择轮，他们先做头脑风暴，列出他们在学校可能会遇到的问题。接下来，他们用头脑风暴想出如何解决每个问题情形的主意。通常，他们会对可能的解决方案进行角色扮演，以确保方案是尊重的，并且能够解决问题，而不伤害任何人。

当所有的想法都被提出之后，全班同学会制作一个上面有当问题出现时可以尝试的4~8个不同解决方案的选择轮。方案的数量与孩子们的年龄相应。我们注意到，年龄小的孩子只能处理2~4个选择，而年龄大一点的孩子喜欢有很多选择。

实际上，制作第一个选择轮的学生们是五、六岁的孩子——学前班的孩子们！他们拿着选择轮到处跑，听到他们有那么多解决问题的选择，给我留下了深刻的印象。为以后想到的新办法留一些空白区域，也是他们的主意。

在我们学校，发生问题最多的地方是公共区域：走廊，图书馆，餐厅和操场。我们有不同班级将自己的选择轮分享在这些公共区域。对于室外的区域，我们把选择轮塑封起来，并根据需要随时更换。我还有一些照片，是中学生作为一个班级项目在操场上画的一个巨大的选择轮。

我还记得很多次我在操场上遇到问题的情形。一天，我正在幼儿园里值班，两个学生彼此抱怨着来找我。我听了一小会儿，然后对他们两个说："我相信你们两个能自己解决这件事。你们为什么不去用选择轮尝试一两个方案，然后回来告诉我哪个有效呢？"请注意，我让他们两个回来告诉我哪个有效；在正面管教中，我们称之为"处境相同"（第257页）。

这两个孩子看着我，然后互相看着，感到有点意外。他们一句话也没说，但一起转身去了用绳子挂着选择轮的地方。很快，他们就回来了，手拉着手，告诉了我哪个方案已经帮助他们解决了他们的问题。

这个工具真是一种解放，不仅对孩子们是如此，对大人也是如此，尤其是对那些遭受着孩子们需要大人帮助才能解决问题的错觉之苦的人。

——迪娜·埃姆斯（Dina Emser），布鲁明·格鲁夫学校前主任
注册正面管教高级导师

工具应用实例——佛罗里达州布雷登顿市

每年，在我教的小学生教室里，我们都会做一个选择轮。在一个学年中的某个时候，我注意到选择轮使用的次数不像我希望的那么多。我给这个班提供了一个扩展活动，以便点燃孩子们对这个工具的兴趣。我尤其想到了一个4岁男孩，当我知道他确实需要选择轮并能从中受益时，他总是拒绝我让他用选择轮的邀请。

孩子们用小纸盘制作了他们自己的便于携带的小选择轮，选择并写上了他们喜欢用来解决问题的四种办法，并在上面画了图案。然后，我们在上面打孔并穿了线，以便他们能把选择轮挂在脖子上。

所有的学生在做自己的选择轮时都非常开心，并且很愿意带着它们。实际上，制作并佩戴自己的选择轮使它更受孩子们喜爱了，对那个男孩来说尤其如此。

那个男孩的母亲告诉我，当他把小选择轮带回家时，他特别兴奋，并且告诉了妈妈和祖母如何使用选择轮。她说，当她那天晚上看到这个男孩与父亲因一件事发生冲突时，她简直不敢相信自己的眼睛：男孩马上要"掀开大脑盖子"了，但和往常大发脾气的反应不同的是，他径直跑去拿起了他的选择轮，并说："我选择走开。"而且，他真的转身走开了！

——萨莉哈·哈菲兹（Saleha Hafiz），中心蒙台梭利学校

工具提示

1. 把"选择轮"和"愤怒选择轮"挂在教室里一个显眼的地方。

2. 当发生冲突时，问学生们是否愿意用适合的选择轮去找到一个尊重的解决方案，或者用可接受的方式表达愤怒。

3. 给学生一个选择可能会有帮助："现在，对你最有帮助的是什么——用选择轮，还是把这个问题放到班会议程上？"

4. 你可能想使用正面管教网站上的选择轮教学大纲（www.positivediscipline.com/teachers）。这个教学大纲包括教学生们使用"选择轮"的技能的14节课程。

研究这么说

研究表明，那些对一个问题能够想出合适的解决方案的学生，整体的心理健康水平较高。此外，研究表明，那些表现出攻击行为的学生，在与人交往中发生冲突时，难以找到解决方案。[1]运用选择轮，为学生们培养独立解决这些问题的能力提供了一种工具，当学生们知道自己遇到的问题有很多积极的解决办法时，他们会有一种足智多谋的感觉。

一项对运用选择轮的行为研究表明，在8周的时间里，学生们解决问题的能力增强了，言语和身体的攻击行为减少了。对使用选择轮前后所做的调查表明，学生们培养出了解决冲突的积极办法。学生们的日记显示，他们在对问题进行思考后，能够写下解决冲突的积极方式。言语攻击从第一周（22次）到第八周（4次）减少了。教师的观察笔记记录了学生用选择轮成功地解决问题。在班会

---

[1] Shure, M. B., and G. Spivack. (1982). Interpersonal problem-solving in young children: A cognitive approach to prevention. American Journal of Community Psychology 10, 341–356.——作者注

上向学生们介绍"选择轮"的课程包括：（1）道歉，（2）告诉对方停止，（3）转身走开，（4）使用"我"句式。[1]

---

[1] Browning, L., B. Davis, and V. Resta. (2000). What do you mean "think before I act?": Conflict resolution with choices. Journal of Research in Childhood Education 14, 232–238.——*作者注*

积极的暂停：平静下来

我们从哪里得到这个疯狂的念头，认为要让孩子们做得更好，我们必须先让他们感到更糟？

——简·尼尔森

"我可以下去吗？我感到有压力。"

"积极的暂停"与惩罚性暂停不同。积极的暂停区，是由学生们设计的一个帮助他们冷静下来的特殊区域。另一个极大的不同是，学生们一旦设计了他们的积极暂停区（并由他们给其取一个特殊的名称），他们就不是被老师送到那里，而是会主动选择那里。他们是在学习自我调节和自我控制。

老师可以问："去我们的冷静区会对你有帮助吗？"这与把他们送到那里有很大不同。给学生一个选择尤其有帮助："现在，怎样对你最有帮助——是去我们特别的冷静区，还是用选择轮？"当学生们完成"暂停伙伴"的训练，并掌握安静地倾听的准则后，老师也可以问学生是否想要一个"暂停伙伴"陪伴。

研究表明，惩罚性暂停是无效的，因为被强制与群体分离否认了孩子对参与和社会归属感的基本需求。这种剥夺可能会造成权力之争或报复。惩罚性暂停会引起与期望相反的效果：学生不仅不会平静下来，反而会变得更加愤怒和痛苦。

冷静期会帮助学生们学会更成功地处理自己的情绪。老师们发现，即便只是几分钟的冷静期，学生也能专注于用头脑风暴寻找解决方案，或者重新参与到之前似乎令他们难以忍受的事情中。

花时间训练学生，以便他们理解"积极的暂停"能如何帮助他们，是很重要的。要让学生们一起建立一个积极暂停区。要和全班同学一起做头脑风暴，来确定积极暂停区应该是什么样子。如果你的学生们需要帮助，要提供一些例子。对于年龄小的学生，积极暂停区可以有靠垫、图书、毛绒玩具，以及一个可以听轻音乐的iPod（不要有互动屏幕），或者一个有为平静下来而做放松练习的图示的笔记本。年龄大一点的学生可能会建立一个像夏威夷主题那么复杂的冷静角，放上沙滩椅和遮阳伞，在墙上画上画和其他装饰性的细节，或者可以更简单些，比如在杂志和平装书的架子旁放一个豆袋椅。给学生们读《杰瑞的冷静太空》[1]，是教给他们了解积极暂停的整个过程和好处并激发他们创造性想法的好方法。

---

[1]《杰瑞的冷静太空》，简·尼尔森著，比尔·肖尔绘，北京联合出版公司出版，2018年3月第2版。——译者注

工具应用实例——伊利诺伊州芝加哥市

去年，我有机会和贝阿特丽斯·萨巴特（Béatrice Sabaté）一起，参加了为芝加哥法国学校教师举办的一个很棒的正面管教工作坊。这个工作坊让我备受鼓舞地认识到，有可信赖的方法让我用来处理在教室里遇到的挑战。

引起我关注的一个工具是"积极的暂停"。我立即想到了我的班里的两个难以长时间保持专注的学生。这两个学生会运用"积极的暂停"吗？他们需要暂停多长时间？他们做过暂停后能重新集中精力并完成他们的功课吗？所有的学生都能用"积极的暂停"吗？我真的想试试。

一天，我向班里的所有学生解释说，有时候很难长时间保持专注，我们可以建一个小空间，去那里休息一会儿。我解释说，这种选择不是为了只让一个学生去休息很长时间，而是给所有需要足够时间休息的学生的。学生们真的很喜欢这个主意！然后，每个学生选择了他们想放到挂在休息区的海报上的两种东西的图片。海报上有打篮球的运动员、围成一个心形的鸟群、热带鱼、蛇、鲨鱼等等。我们一起确定了一个方便的地方张贴海报，我们的积极暂停区就建好了！

在接下来的一次课上，我再次解释了积极暂停的目的，在那节课上（以及直到那个学年结束），我惊奇地看到只有那两个难以保持专注的学生来征求了我的同意，去做积极的暂停。两个人中，每次只有一个坐在海报旁休息。看着海报上的图片，这两个学生可以探索一个想象的世界，暂时摆脱课堂作业的要求。他们会只待几分钟，然后就回来和大家一起高兴地参与活动。其他学生完全没有因为他们的短暂离开而被打扰。

积极暂停的实施是如此容易和迅速，并且对我们所有人都如此有用。每个人都能从中受益，一切都是积极正面的，太神奇了！

——娜塔莉·梅芙任–拉多（Nathalie Meyfren-Rado）

芝加哥法国国际学校

工具应用实例——加利福尼亚州索拉诺海滩

作为成为注册正面管教导师程序的一部分，我用了一年的时间，在加利福尼亚州索拉诺海滩的蒙台梭利学校运用正面管教的原理帮助孩子们发展社会–情感技能和开班会。

在一个由9～12岁的孩子们组成并且男女人数相等的班里，我们学习了自我调节，并运用了积极的暂停。当我们在一次班会上讨论他们想给积极暂停区起什么名字时，一半学生选择"龙穴"，另一半选择"平静的海洋"。每次投票，结果都一模一样。

显然，我们需要把为积极暂停区起名这件事暂时搁置，直到学生们学会妥协。在开了三次班会之后，他们决定用"龙的海洋"这个名字——龙冷静下来的地方！他们对这个名字都感到很高兴，无论男生还是女生，在需要冷静下来的时候，都很高兴地去使用这个地方。

——朱莉·依兰尼内贾德（Julie Iraninejad）

注册正面管教导师

工具应用实例——印第安纳州韦恩堡

在学年的开始，我们的初级班的学生（3～6岁）会帮助我们建立积极暂停区。在每天的班会上，我们通常会谈谈这个区域的重要性——当孩子们感到他们在试图解决一个冲突之前需要时间冷静下来并感觉好起来时，一个可以休息一会儿的地方。这个特殊的地方为任何一个感到需要独处的孩子提供了个人空间。

我们问学生们是否能想出一些使用积极暂停区的规则，因为班上有20名学生，对这里的需求很大。我们还让他们想一想能够放在那里的物品，以使其让人更放松。孩子们决定放一些图书（他们会定期更换）、一面镜子、带图画的"情绪"卡，以及一个装着弹珠的小篮子。我们的教室里有一个儿童尺寸的木制谷仓，孩子们决定把这个谷仓也放到那里。就在最近，我们还收到一个男孩的建议，他说增加一个小CD播放器和耳机来听音乐可能是个好主意。

他们决定将它命名为"我们个人的特殊空间"。

——娜塔莉亚·斐乐斯（Nataliya Fillers）

橡树农场蒙台梭利学校

注册正面管教讲师

工具应用实例——纽约

一个学前班的孩子们刚下法语课，正焦躁不安、乱哄哄地准备上英语课。老师通常要不断地唠叨并提高声音，让他们安静下来。

我碰巧在那里观察一个正在克服自己的冲动行为的孩子。我问孩子们："英语课应该这样开始吗？"大多数孩子都坐到了自己的位置上并安静了下来——除了那个冲动的孩子。我走近这个孩子，小心地问他："你需要更多的时间做准备吗？你想去阅读角平静下来吗？"

他开心地去了阅读角。

当他看完第一本书的时候，英语课已经开始了。他抱怨说："可是，我从这里看不到上课！"

我回答说："肯定看不到！你刚才需要一会儿平静下来的时

间。但是，如果你准备好了和大家一起上课，并能安静地坐着，现在就可以和大家一起上课了。"

他热切而快乐地听从了，和大家一起上课。

——弗罗瑞安·普鲁戈纳（Floriane Prugnat）
学校心理辅导老师
注册正面管教导师

工具应用实例——西班牙马拉加

当我们非常生气时，我们会接通我们的中脑（杏仁体），它的主要作用是战斗、逃跑或僵住。积极暂停的目的是帮助学生们冷静下来，直到他们能够接通负责理性思考的大脑前额叶皮层。

在学生不幸地处于中脑控制的那些时刻，老师的态度——他们的共情、坚定与和善——是至关重要的，它能帮助学生学会自我调节，直到大脑恢复理性，并以解决问题的态度看待痛苦的情形。

"积极的暂停"不是让孩子们在教室里平常的座位上思考一段时间。它有一个独立的区域、一个特殊的空间和一段特殊的时间，用来帮助孩子们摆脱课堂任务的通常要求，放松下来，并专注于自己的思想和感受的自然流动。平静下来有助于孩子们培养因果思考和进行沉思的能力。只有通过冷静的思考，孩子们才会达到认识到责任并找到解决方案的阶段。

有一天，我正给一个班代课，班上有一个学生开始用力敲桌子，并辱骂同组的一个女生。我平静地转向他，让他和我一起出去，到走廊上去。因为他已经处于"爬行动物脑"的控制中，他看上去准备好了战斗或逃跑。

我告诉他，我不是要惩罚或斥责他，我只是想让他告诉我，到底发生了什么事，让他这么生气。

他说他不想读他们正在读的那本书。

我问他，去我们在教室角落里建的那张"积极暂停桌"是否会对他有帮助。他可以去那里画画或者玩拼图，而不是感觉在被迫做他不想做的事情。

他心甘情愿地去了那里，并开始玩一个拼图。当他拼完后，他已经完全平静下来，并加入了课堂活动，没有再出现任何问题。我注意到其他孩子也平静了下来，并且似乎愿意欢迎他回到集体中。

——玛卡瑞娜·索托·鲁埃达（Macarena Soto Rueda）
学校心理辅导老师
西班牙科因市圣母玛利亚住宿学校

工具提示

1. 有些老师发现，教给学生们一些平静下来的方法是很有帮助的，比如慢慢地数数、深呼吸，甚至冥想技巧。

2. 学生们发现，了解"大脑的盖子"为什么会打开以及为什么会平静下来，是很有帮助的。（见第182页"了解大脑"）

3. 不要强迫学生去积极暂停区。相反，要问他们："去我们的冷静区对你会有帮助吗？"更好的方法是提供选择："哪个方法对你最有帮助——是去冷静区，还是使用选择轮，或者把你的问题写到班会议程上让大家来帮忙？"

4. 让学生来决定自己什么时候准备好了从积极暂停区返回。

研究这么说

正念认知研究中心（MARC）用脑部扫描进行的研究，显示了在传统的惩罚性暂停期间的孤独所造成的副作用。[1]它在大脑内产生的影响可以看作是与身体疼痛的影响相同的。

艾森伯格（Eisenberger）、利伯曼（Lieberman）和威廉姆斯（Williams）运用神经影像来研究社交孤立和身体痛苦在大脑的化学反应上有哪些相似之处。研究的参与者玩一个他们最终被排斥出去的虚拟传接球游戏，在此过程中，对他们的大脑进行扫描，并将其神经影像与那些正经历身体痛苦的人的神经影像图进行对比。该研究的发现表明，社交孤立与身体痛苦有着同样的神经解剖学结果。[2]这一发现，对于为什么很多父母和教育工作者仍然相信把孩子独自放在一个角落里会有益，提出了严重的质疑。研究表明，尽管传统的惩罚性暂停是父母和教育工作者运用的最普遍的管教工具之一，但它对于帮助儿童或青春期孩子进行自我调节、解决问题或行为的积极改变是无效的。

所有的人对情感连接都有深切的需求。大量的研究证实了学生在学校的连接感和归属感的重要性。[3] "积极的暂停"为帮助学生

[1] Siegel, D., and T. Bryson. (2014). No Drama Discipline: The Whole-Brain Way to Calm the Chaos and Nurture Your Child's Developing Mind. New York: Penguin Random House.——作者注

[2] Eisenberger, N. I., M. D. Lieberman, and K. D. Williams. (2003). Does rejection hurt? An fMRI study of social exclusion. Science 302, no. 5643, 290–292.——作者注

[3] Sulkowski, M., M. Demaray, and P. Lazarus. (2015). Connecting students to schools to support their emotional well-being and academic success. Communiqué 40, no. 7. https://www.nasponline.org/publications/periodicals/communique/issues/volume-40-issue-7/connecting-students-to-schools-to-support-their-emotional-well-being-and-academic-success.——作者注

冷静下来，以便他们能解决问题并更好地适应课堂规则，提供了一个重要工具。由于传统的"暂停"使学生受到隔离和排斥，会加剧学生在一个紧张情形中的情绪和要求；"积极的暂停"会帮助学生通过一个基于自己选择的过程，学习管理自己的情绪。因为积极暂停区是学生们自己设计的教室的一角，那些选择去暂停区的学生，在摆脱他人造成的压力去休息一会儿的过程中，仍然能感到他们属于整个集体。一旦学生感觉好起来，他们就能够重新积极地融入集体并成功地与其他人连接。通常，那些有积极机会让自己冷静下来的学生，会更合作地找出对自己和他人有帮助的长期解决方案。

"我"句式

我们的一个普遍偏见是,我们没有真正倾听,就自以为知道孩子们想说什么。我们让自己的嘴不停地说,以至于听不到他们在说什么。

——鲁道夫·德雷克斯

阿德勒强调"个人逻辑"这个概念,其含义是,每个人都会通过基于自己的生活经历而形成的信念所产生的"镜头",以独特的方式来看待这个世界。我们可能都同意这种说法,但是,当我们想指责或评判他人对事物的看法时,似乎会忘记这一点。

太多的时候,学生们(以及

"如果我不得不穿这个上学,我就自己拉内裤,而不用麻烦其他孩子了。"

205

大人）会因为自己的感受而责备别人："你让我感到＿＿＿。"这么说是不对的。没有人能让任何其他人感到什么。他们可能会招致你感到什么，但你总是有选择的。帮助你的学生为他们自己的感受负责的一个方法，是教给他们用 "我" 句式的技能。下面这几个场景提供了一些例子：

场景1：亨利在赛雷娜前面插队。赛雷娜很生气，推了亨利。亨利生气了，推了赛雷娜，很快他们就扭打起来。一位老师进行了干预，并斥责了他们两人。然后，亨利和赛雷娜开始就谁对谁错大声吵起来。

场景2：亨利在赛雷娜前面插队。赛雷娜说："当你在我前面插队时，我感到很生气，我希望你到后面排队去。"亨利说："对不起。"并到后面排队去了。

你可能会想："哦，这不现实。为什么只是因为赛雷娜告诉了亨利她的感受和想要什么，亨利就会道歉并到后面排队？"这是因为"我"句式会让人合作而不是反抗。

另一个秘密是，他们已经学习并练习过"我"句式的艺术，包括下面这个：

"我对＿＿＿＿＿＿＿＿＿感到＿＿＿＿＿＿＿＿＿＿，
我希望＿＿＿＿＿＿＿＿＿。"

当人们有一种感受，比如生气，并且不考虑自己有什么感受而直接采取行动时，他们的行动通常是一种不假思索的被动反应。这会招致对方做出不假思索的被动反应，直到这种互动转变成一种无益的、彼此伤害的被动反应链。被动反应几乎总是会涉及到一种评

206

判和一种报复。

当人们表达一种感受时，他们不得不停下来并想一想自己的感受是什么。然后，他们会通过找出这种感受的名称并将其表达出来，为这种感受承担起责任。运用"我"句式不是评判，而是一个简单的陈述。它不会激起对方的被动反应，并且通常会导致对方产生责任感并做出积极行为。

在分享过上面的例子后，要让你的学生们做一个清单，列出别人所做的那些让他们感到恼怒或生气（也就是让他们烦恼）的事情。这个清单也许会包括诸如插队、说闲话以及没被邀请参加一个游戏之类的事情。要让他们知道，在做头脑风暴时可以夸张一些，这样会更有趣。

然后，举一个例子说明如何运用"我对＿＿＿＿＿＿＿＿＿感到＿＿＿＿＿＿＿＿＿，我希望＿＿＿＿＿＿＿＿＿。"这个句式："当你不让我一起玩儿这个游戏时，我感到很伤心，我希望你能让我轮流玩儿这个游戏。"对某些情形进行角色扮演，可能会有帮助，比如欺凌、在水池边推挤或者不帮忙归还游戏设备，这会给学生们练习运用"我"句式的机会。要让他们不断练习，直到他们对说出自己的感受和愿望感到很自如。你会在下面的"工具应用实例"中看到一些例子。

自我调节（对自己的感受承担起责任）是一项重要的社会和人生技能。"我"句式需要自我调节，而且，学生们似乎很喜欢学习并运用这种语言。

工具应用实例——英格兰伦敦

在我教我的十年级学生如何运用"我"句式大约一周之后，一个学生问我是否可以和我谈谈他的论文成绩。他找到我说："马切塞女士，我对我的论文成绩感到很困惑，因为我真的很努力做了这个作业，我不理解我的分数为什么这么低。"

这真是太棒了！如果他用通常说话的语气，他可能会说："马切塞女士，我认为你给我的分数不公平！"

这种说话方式会让我感到要为我给出的分数辩解。然而，因为他用了一个"我"句式，并说他感到困惑，我就想帮助他理解并让他感觉好起来。

我们坐下来大约三十分钟，把论文的每一部分和题目都仔细检查了一遍。最后，我没有修改他的成绩，但他感觉好了起来，知道了本来可以怎么改进，而我感觉自己想做一位更好的老师。这是双赢！我赞扬他使用了"我"句式，并表达了对他以尊重的方式来找我的感激。

当我教"我"句式时，我总是会分享学生们可以如何用它来和自己的父母讨论晚上回家的最晚时间，比如，"我感觉自己受到了冷落，因为我是我的朋友里唯一必须在11点之前回家的人，我希望我们可以协商一个都觉得合适的晚一点的时间。"

学生们很喜欢这个例子，他们很多人回家后就会用上。大多数时候，他们都能成功地协商一个更晚的回家时间，因为他们的父母不会采取辩解的姿态，而且会欣赏自己的十几岁孩子能够用这种积极的方式与他们沟通。

当我们给学生机会时，他们就会让我们看到他们多么聪明。

——乔伊·马切塞（Joy Marchese），伦敦美国学校十年级教师
注册正面管教导师

工具应用实例——俄勒冈州波特兰市

在我们班，我们教孩子们表达"烦恼和愿望"——"烦恼"表达那些让他们烦恼的事情；"愿望"表达他们想要什么。下面是我

教的一个5岁孩子发生的事情：

他：我想给凯文一个愿望。

我：你指的是一个烦恼和一个愿望?

他：不。只是一个愿望。

我：好。

他（对凯文）：我的愿望是你和我一起玩！

> ——史蒂文·福斯特（Steven Foster），特殊教育教师
> 注册正面管教高级导师
> 《特殊需求孩子的正面管教》合著者

工具应用实例——俄勒冈州波特兰市

我在一个启智（Head Start）计划的教室里，坐在孩子们正在用很小很小的珠子制作手链的一张桌子旁。在整个过程中，他们唯一需要帮助的就是最后把穿手链的细绳的两端系在一起。

一个男孩让我帮他系一个结（一个很合理的请求）。我的成年人的手指在橡皮筋上挣扎着，一直打不上结。在某个时刻，我低声吼道："这个绳子让我很烦！"

我的这个小朋友没有错过机会。他说："你的愿望是什么？"

> ——史蒂文·福斯特（Steven Foster），特殊教育教师
> 注册正面管教高级导师
> 《特殊需求孩子的正面管教》合著者

工具应用实例——秘鲁利马

感谢"我"句式这个工具，我们在班会上示范之后，学生们之间相互对待的方式得到了改善。我在班会上解释说，我们要学习以一种尊重的方式来表达让我们烦恼的事情。我们会列两个清单，第一个清单列出让我们烦恼的事情，而第二个要列出我们希望对方怎样做。然后，每个学生都有机会用这两个清单练习如何表达自己忧虑的事情，要这样说："当＿＿＿＿＿＿＿＿＿的时候，我感到烦恼，我希望＿＿＿＿＿＿＿＿＿。"再一次班会，我们练习了可能的回答："对不起。我不知道你介意。"

当大家准备好之后，我们在教室里布置了一个舒适的地方（有垫子和枕头），学生们可以在这里平静地交谈并解决冲突。有时候，我坐在稍远的地方进行观察而不干预，能听到他们说什么并记录他们的对话。他们会说类似这样的话："当你没经我同意就拿走我的颜料时，我感到生气，我希望你先问问我。"另一个回答："对不起。我不会再那么做了。"另一个对话是："我很难过，因为你让我和你一起玩儿，然后你又去找别的女生了，把我自己留在那儿。我希望你说到做到。"另一个回答："对不起，我没有意识到。你愿意下次课间休息时和我一起玩儿吗？"

在问题变成重大冲突之前，解决起来会更容易。一天，一个男孩来找我，说他对他的朋友很生气，在他还没来得及告诉我任何事情之前，另一个孩子问道："你和他坐下来谈了吗？"这个男孩就转身离开了，而且，我看到了他在和他的朋友交谈。后来，我问他感觉怎么样，他回答："一切都好，别担心。"

——桑德拉·科莫纳斯（Sandra Colmenares），三年级教师

注册正面管教讲师

工具提示

1. 用一个玩具瓢虫和一个玩具魔法棒，作为表达"烦恼和愿望"的标志，可能会很有趣。要让学生们用这些标志来练习运用"我"句式的艺术。

2. 为帮助学生们记住"我对_____感到_____，并且我希望_____。"的句式，要给他们留出定期练习的时间。

3. 在一次班会上，你可以问："谁有最近用这个句式的例子？"对学生们来说，了解其他人可能不会有同样的感受，并且可能不会给他们想要的东西，是一项有价值的社会和情感技能。学习尊重地表达感受和愿望的技能，是非常重要的。

研究这么说

"我"句式是有效沟通的不可分割的一部分，尤其是在尊重地解决与他人的冲突时。[①]老师和同龄人运用"我"句式，会让学生们得到认可，并帮助他们感到被理解。"我"句式有助于有效地沟通，尤其是在发生冲突的时候。[②]库巴尼（Kubany）和理查德（Richard）在20名高中生（他们自己说相互之间关系很密切）的样本中调查了负面感受的沟通。其发现显示，与"我"句式相比，

---

① Garrett, T. (2014). Classroom Management: The Essentials. New York: Teachers College Press. ——作者注
② Gordon, T. (1974). Teacher Effectiveness Training. New York: Wyden. ——作者注

指责性的"你"句式更多激发强烈的负面情绪反应。[1]在香港的一个儿童样本中，研究人员发现孩子们更容易接受"我"句式，而不是带有批评或否定性的"你"句式。[2]一个更多样化的样本，是一群幼儿园和一年级的学生和老师参与的一项"社会情感解决问题"项目，该项目特别包含了诸如"我"句式这样的有效的沟通方法。研究人员记录到了学生们身体和语言的攻击性的明显降低。[3]

[1] Kubany, E., and D. Richard. (1992). Verbalized anger and accusatory "you" messages as cues for anger and antagonism among adolescents. Adolescence 27, 505–516.——作者注

[2] Cheung, S. K., and S. Y. C. Kwok. (2003). How do Hong Kong children react to maternal I-messages and inductive reasoning? Hong Kong Journal of Social Work 37, no. 1, 3–14.——作者注

[3] Heydenberk, W., and R. Heydenberk. (2007). More than manners: Conflict resolution in primary level classrooms. Early Childhood Education Journal 35, 119–126.——作者注

解决问题的4个步骤

关键的因素是共同承担责任，这是一个对提出讨论的问题彻底想清楚的过程，一个探索替代方案的过程。问"我们对此能做些什么？"能最好地实现责任共担。

——鲁道夫·德雷克斯

正面管教的很多工具都教给了我们解决问题的重要性：班会，选择轮，约定和坚持到底，家长-教师-学生三方会，启发式问题（交谈型和激励型），控制你自己的行为，"我"句式，专注于解决方案，还有很多其他工具。这些工具都是为了产生阿德勒和德雷克斯所说的"社会兴趣

"我尝试了，能得到一部分分数吗？"

213

和群体感"而设计的。"解决问题的4个步骤"为学生们运用这项宝贵的技能提供了一个流程。

这些步骤是：

1. 不理会。
2. 以尊重的方式把问题谈开。
3. 一起达成一个双方同意的解决方案。
4. 如果无法一起解决问题，就寻求帮助。

很多人想知道为什么"不理会"是解决问题的一个步骤。如果你只是不理会一个问题，怎么能解决它呢？

好吧，我们有多少时候会对一些如果忽略就会消失的很小的事情小题大做？你可以让学生们角色扮演下面两个场景，以便理解"不理会"可以是解决方案之一。

场景一：两个学生（事先教给他们在确保不受伤的前提下扮演得夸张一些）在走廊里相向而行。学生甲不小心撞到学生乙，学生乙推搡学生甲。反过来，学生甲又推搡学生乙。当能够说明要点时——通常是在10~15秒之后——就停止扮演。

通过问两个扮演者有什么想法、感受以及决定怎么做，来对角色扮演进行回顾。然后，请所有其他学生分享他们从观看这个角色扮演中学到了什么。

场景二：让这两个学生在楼道里相向而行。学生甲不小心撞到学生乙。学生乙继续向前走。

通过问这两个学生各自有什么想法、感受以及决定怎么做，来对这次角色扮演进行回顾。然后，请所有其他学生分享他们从观看这个角色扮演中学到了什么。

角色扮演结束后，请学生们为这两个学生除打架或"不理会"之外还能怎么做，创作其他场景。他们可能会想出一些很有创意的办法，比如道歉、大笑或者双方相互击掌。不管他们想出的是什么，都要让他们对新场景进行角色扮演。

要向你的学生们介绍另外三个解决问题的步骤。要组织对每个步骤进行一次讨论，以帮助学生更好地理解它们的含义。例如，"不理会"这一步骤可能需要做一会儿"积极的暂停"，以便平静下来，然后再做其他步骤。

第二个步骤，"以尊重的方式把问题谈开"，可能需要运用"我"句式并倾听对方的看法。这可能意味着双方要承担起自己对于所造成的问题的责任，并说明自己愿意做出怎样的改变。

第三个步骤，"一起达成一个双方同意的解决方案"，可能需要做头脑风暴，以便列出一个各种可能的清单。

第四个步骤，"寻求帮助"，可以是把问题放到班会议程上，以便全班同学做头脑风暴，寻求解决方案；或是向一个成年人寻求帮助。

要把学生分成三组，让他们先讨论每个步骤，然后进行角色扮演，演示每个步骤。他们可以决定谁扮演哪个角色，但要确保有观察的学生，观察者是重要的角色，他们都会受到发生的事件的影响。

用不了多长时间，你就会看到你的学生们在运用寻找解决方案的艺术，不用你的任何干预。

工具应用实例——佛罗里达州布雷登顿

课间休息时，一个二年级的男孩哭着进了办公室。"我生气的不是我的裤子被拽掉了，我只想知道是谁干的。"这个孩子抽泣着说。在我的询问下，他告诉我，大约八个同学在玩捉人游戏，他的裤子不知怎么被拽了下来，露出了内裤。他感觉几个朋友看到了他的内裤。万斯说出了和他一起玩儿的那八个孩子的名字，有男孩也有女孩。我把他们叫到一个较小的私密办公室，以便在其他孩子看不见的情况下解决问题。

当所有的孩子和我都进到这个办公室之后，我问："谁有问题？"

万斯回答："我有一个问题。"

"你的问题是什么，万斯？"我问道。

他说，在他们玩捉人游戏时，有人拽掉了他的裤子，他想知道是谁干的，以便他能解决问题。

没人承认。我提醒孩子们，我们是在寻找解决办法，而不是寻求责备谁。就好像我以前没这么说过一样，一个孩子举起了手，说他看到是塞米干的。塞米立刻转过头冲那个孩子说："哼，我没干。"然后，孩子们一个接一个地附和说他们也看到是塞米干的。当目击者们都众口一词时，塞米哭着说不是自己干的。

这时，我再次提醒他们，我们只是在寻找解决办法，而不是寻求责备谁。万斯没有生气，他只是想知道是谁干的。不会有人陷入麻烦。我开始感到其他孩子说的都是他们亲眼看到的，而塞米是为了辩解而在撒谎。

我感到不舒服。我想对塞米说："你要承认自己做的事；你不会有麻烦，然后我们可以简单地解决这个问题，去做该做的事情。"但是，塞米满脸都是泪水，坚持自己是清白的，而其他孩子也坚持他们的说法。

当我正要说先不做结论，大家先去上课时，一个小女孩说话了。"是我无意中干的。"她说，"我在追万斯的时候摔倒了。我倒下来的时候碰到了他，无意中把他的裤子拉了下来。"我们都震惊了。那些目击的孩子无法相信他们认为自己亲眼看到的是错的。

我突然意识到，或许目击者也无法被信任能准确报告他们所看到的，因此，他们不应该被带到这个解决问题的场所来。

现在，当类似这样的事情发生时，我不会问谁导致了问题的发生，或者谁看到了与这个问题相关的事情。我只是让涉及到的孩子们相互谈谈，和平地解决问题。

——马蒂娜（Mattina），二年级教师，中心蒙台梭利学校

工具应用实例——加利福尼亚州圣地亚哥市

作为解决问题过程的一部分，我们会用我们称之为"核实"的方法。这种方法结合了正面管教的其他工具，例如"启发式问题"、"我"句式，以及"寻求帮助"。不仅在大人帮助学生时有"核实"的过程，而且，如果有人受到身体或情感的伤害，或者如果出现误解和分歧时，学生们之间也要"核实"。

例如，如果一个学生撞了另一个学生，撞人的学生会停下来，并向被撞的学生核实，问："你还好吗？"以及"你需要什么吗？"受伤的学生可以说："我的肘部擦破皮了，我需要创可贴和冰袋。"两个学生就会去办公室寻求帮助。

如果一个学生感到被另一个学生说或做的什么事情伤害了，他们会要求和对方"核实"。这可以有一个大人在场，也可以是两个孩子自己解决。感觉受到伤害的学生，有机会向对方说出自己的感受："当你不让我和你一起玩游戏时，我感到很难过。"然后，对方有机会作出回应："哦，有时候你不想玩我们正在玩的游戏。"这种对话会反复多次，直到他们达成理解，或者商量出一个采取不同做法的计划。

在我们的社会中，大多数孩子（以及很多大人）并不具备这些解决问题的技能。我们的老师花时间与他们的学生尊重地建立连

217

接，并运用晨会和班会的平台教给学生这些技能，是对他们的奉献精神的见证。

——唐娜·纳皮尔（Donna Napier），创新学校办公室主任
注册正面管教讲师

工具应用实例——佐治亚州迪凯特市

以前，我们班的学生在玩篮球和足球的时候总是惹麻烦，他们不看球会被踢到哪儿或扔到哪儿，往往会打到其他人的头上。全班想了很多解决办法，最终决定换个地方踢球。

从那之后，当他们想踢球时，总是会让我去监督他们。我听到他们互相提醒不要把足球踢到篮球场。这真的很有帮助，而且使得课间休息时间变得很容易监管了。

——爱丽丝·阿尔布雷克特（Elise Albrecht）
克拉夫利夫学校中学教师

工具应用实例——佐治亚州亚特兰大

我们喜欢把我们的教室看作一个我们全体一起学习的学习者社区。为了有助于形成这种群体氛围，我会在开学时向学生们强调，我们每个人既是老师，也是学生。每个人都有可以分享的知识，并且能从对方那里得到知识。

为了有助于形成这种合作精神，我需要先"了解我的学习者"。对于我的大多数学生来说，这只是他们进入正式学校的第二年。从发育上来看，他们可能不完全一样。为了增强他们的自我激励，并促进他们对自己学习的责任感，我们提出了"找我之前先问

三个人"的规则。

我们鼓励学生成为解决问题的人。如果他们有不理解或者不确定的事情，他们要在找老师之前先问三个同学。这种做法是我从开学第一周就鼓励的。其好处可能包括：

· 感觉到学习是自己的事情，以及对学习的责任感
· 对一个情形的掌控感
· 解决问题
· 减少寻求关注的行为
· 最终消除寻求过度关注的行为

随着教学工作的进展以及教师和助理教师的配合，这个办法能够让老师和学生们实际上不间断地继续他们的课程。对于那些只想从教师那里听到答案的学生来说，可能需要长一点的时间跟上大家。对"找我之前先问三个人"进行示范和练习，似乎是必需的。认可那些按照这个办法做的学生，无论是问问题还是回答问题的学生，也是必需的。对双方的积极反馈会造就合作精神，并会鼓励其他学生也这么做。

——帕蒂·施帕尔（Patty Spall），圣尤达使徒天主教学校

一年级教师

工具提示

1. 请一些学生制作解决问题的4个步骤的海报，挂在教室里。
2. 在教室里或紧挨教室的外面建立一个特殊区域，使学生们

可以在那里按照解决问题的4个步骤去做。

3. 当你看到需要介入某个问题时，要提供一个选择："现在，怎样对你最有帮助：使用选择轮，运用解决问题的4个步骤，还是把问题放到班会议程上？"

研究这么说

纵向研究（随着时间的流逝，收集同样一些学生的数据）表明，那些在入学初期就学习解决问题技能的学生，不大可能出现行为问题。舒尔（Shure）和斯派维克（Spivack）的报告指出，教给孩子们人际认知问题的解决技能，会改善学生们的冲动行为。[①]例如，一项研究显示，与对照组相比，在幼儿园和一年级就学习解决问题技能的学生，有更大的进步。这种分组比较一直持续到四年级，结果是一致地有利于学习过解决问题技能的学生。[②]

研究还证实了运用一种系统性方法对于促进学生的社会和情感发展的重要性。[③]通过循证研究确定的标准之一，就是社会和情感技能日常的综合练习。正面管教"解决问题的4个步骤"，以及诸

[①] Shure, M. B., and G. Spivack. (1980). Interpersonal problem solving as a mediator of behavioral adjustment in preschool and kindergarten children. Journal of Applied Developmental Psychology 1, 29–44.——作者注

[②] Shure, M. B., and G. Spivack. (1982). Interpersonal problem-solving in young children: A cognitive approach to prevention. American Journal of Community Psychology 10, 341–356.——作者注

[③] Durlak, J., R. Weissberg, A. Dymnicki, R. Taylor, and K. Schellinger. (2011). The impact of enhancing students' social and emotional learning: A metaanalysis of school-based universal interventions. Child Development 82, 405–432. DOI: 10.1111/j.1467-8624.2010.01564.x.——作者注

如班会之类的其他工具，为日常练习提供了一种程式，可以作为学校每天的安排和惯例的组成部分。对班会效果的研究证实，班会对学生是有好处的，因为每天练习能够改善学生使用问题解决技巧的能力。[1]

[1] Potter, S. (1999). Positive interaction among fifth graders: Is it a possibility? The effects of classroom meetings on fifth-grade student behavior. Master's thesis, Southwest Texas State University, San Marcos, TX.——作者注

第**6**章
教师的技能

只做不说

　　说，是最没有效果的做法之一。老师无言的行动，永远比言语更有效。

——鲁道夫·德雷克斯

　　你有时候感觉你说的话学生们一个字也没听进去吗？你的感觉可能是对的——尤其是在涉及错误目的的时候。例如，如果一个学生的错误目的是"寻求过度关注"，而你试图通过说教或训斥来激励其改变行为，你实际上是在强化这个学生以"寻求关注"作为其找到归属感和价值感的错误方式的目标。

"我不需要去健身房。我的教室管理办法之一，就是经常在教室里转。我估计我每天走三英里。"

如果你的学生的错误目的是"寻求权力"，你的话语可能会招致权力之争，因为他是在让你知道："你无法强迫我。"如果你的学生的目的是"报复"，你的话语可能会让他感觉受到更多的伤害，并招致他做出更有伤害性的举动来进行报复。如果你的学生的错误目的是"自暴自弃"，你的话语可能加深他认为自己不够好的错误信念。

太多的时候，你采用的话语都基于对行为的被动反应。"只做不说"需要你停下来，并想一想如何主动地回应。这要求你进入学生的内心世界，并理解其行为背后的信念，以便你鼓励导致新行为的新信念。

运用非语言信号，是"只做不说"的一种方式，而且会有助于学生参与。在班会上，要让学生们做头脑风暴，列出一个尊重而有帮助的非语言信号的清单。例如：微笑着指向需要做的事情；举起食指作为降低说话音量的提醒；拍手三次，并让学生拍手回应，以提醒大家保持安静。如果事先让学生们参与创立并同意使用这些信号，非语言信号通常会更有效。

有时候，"只做不说"在某些情形中并不合适，或者没有帮助。与"只做不说"相关的另一个正面管教工具是"一个词"。在这种情况下，要用一个词代替信号。本节"工具应用实例"的最后一个故事，就是一位老师运用这个工具的成功故事。"工具提示"部分提供了为什么"一个词"可能会最有效的具体例子。

最后，有时候最有效的做法就是走到一个开小差的学生身边。你的这种"靠近"可能就是这个学生重新集中精力上课所需的全部——尤其是当你传递的意图和能量是"纠正之前先连接"（见第87页），而不是恐吓的时候。

人们常说"行动比言语更响亮"，但是，这些行动背后的能量才是最响亮的"声音"。你会感受到分享下面这些"工具应用实例"故事的老师们的能量。

工具应用实例——北卡罗莱纳州罗利市

在有两千多名学生的大型城市高中里，每天换教室上课的过程会造成很多反复出现的混乱事件。虽然换教室有给学生们定期休息的时间以及与同龄人进行所需的互动的好处，但这些短暂的交往和身体活动会让十几岁的孩子难以转换到平静的课堂讨论和教学中。

当三十多个精力旺盛的十几岁孩子走进高中教室时，他们不可避免地会几个人聚在一起并继续走廊里讨论的话题。老师很难迅速引起他们的注意，并开始当天的学习。当自动上课铃响不足以起到作用时，我会尽量礼貌地打断他们的交谈，因为同龄人之间的社会交往对这些青春期的孩子们来说是最重要的。

我没有试图以提高音量来盖过30个十几岁孩子的声音，而是走到电灯开关前，把电灯打开关上几次，向学生们发出我已经准备好上课的信号。他们已经知道这个信号意味着什么，而且都能看到，他们知道自己需要结束交谈，坐到座位上，开始听课。一句话也没说，我就引起了大家的注意。同样有效的办法是，我举起一只手，同时把另一只手的食指放在嘴唇上。我会先找到一小群正在看着我的学生，先对他们做这个手势。这些学生会知道该结束交谈了，而且，他们也会举起自己的手。逐渐地，我从一群学生移向另一群，不说一个字，只是举着手。如果需要，我会做"把嘴唇拉上拉链"的动作。不用说一句大家需要安静的话，老师就可以开始上课了。

——萨莉·哈姆伯勒（Sally Humble）博士，退休英语教师
大学理事会工作坊辅导/咨询师

工具应用实例——犹他州图埃勒市

有一次，在给六年级上课时，我嗓子哑了，但仍然不得不上一

整天课，并组织28个学生的学习活动。让我高兴的是，正是那一天让我知道了"行动比言语更响亮"这一正面管教工具的力量。令人惊讶的是，这是我教学生涯中最棒的一天！我能做的是轻声说话、靠近学生、写下来，以及用微笑和手势，结果让沟通有了极大的变化。运用这个工具的好处是如此明显，以至于我的嗓子好了之后，我开始将这些行为运用在日常教学中，取得了极大的成功。

我曾听很多人说，他们惊讶地发现，在似乎只有大声喊叫才能引起一大群孩子注意的时候，目光接触、微笑、精力充沛的低语或者柔和的语调怎样吸引了他们的注意力并且很有效。我将一位前总统的座右铭改编成："轻声说话，并且面带灿烂的微笑"。[①]

——杰西卡·杜尔赦（Jessica Duersch）

六年级教师，注册正面管教讲师

工具应用实例——佐治亚州亚特兰大市

我发现了一个有趣的方法，能让那些很难不受分组活动时教室里的"忙碌"影响的学生保持对我的关注。分组活动的时候，我们身边总会有四个不同的活动在进行，但我发现，使用"打哑谜猜字游戏"式的方法，能够让学生们的注意力集中在我身上，而且能使一个简单的活动更有挑战性。

我先在白板上贴一些手语词。这些基本词语包括"你好""请""谢谢你"和"不用谢"等等。我会用下面这些非语言信号开始每一堂课：

[①]这句话的英文原文为"To speak softly and carry a big smile"，应该是改编自美国第26任总统西奥多·罗斯福的一句名言："Speak softly and carry a big stick."——译者注

1. 打个响指来吸引学生们的注意力。我示意他们看着我的眼睛，我看着他们的眼睛。

2. 我示意他们需要哪些用品，比如剪刀、铅笔和胶棒。

3. 接着，我用"打哑谜猜字游戏"的方式，加一些音效（比如砰的一声把胶棒的盖子打开），把完成一项艺术项目所需的步骤表演出来。学生们似乎很喜欢这种音效，丝毫不亚于对创作艺术作品的喜爱。

4. 我鼓励他们在有问题时向我示意。

其他孩子尽管在忙于自己小组的活动，但都会转过身来并注意到我们小组的安静。我们对挑战我们的其他感官来完成任务感到很有乐趣。

——特里西娅·娄赛尔（Tricia Loesel），一年级老师
圣尤达使徒天主教学校

工具提示：只做不说

1. 你可能已经注意到，学生们往往对大人的说教充耳不闻。

2. 和善而坚定的行动通常比言语更响亮。例如：让学生知道，你会在他们准备好的时候开始上课。然后，就静静地坐着，直到他们准备好（假定你已经花时间训练过他们使用这个工具，见第67页）。

3. 穿上运动鞋，在教室里转。靠近学生是一种比言语更响亮的行动。

4. 要熟练地运用和善而坚定的表情，来表达"得了吧"。

5. 轻轻地把手放在一个学生的课桌上，作为让他安静的一个信号。

6. 对于年龄小的学生，新学年开始时，要使用带有符号或图片的课堂流程海报。例如，手放到耳旁表示倾听的图片。

7. 用你的幽默来创造一些你自己的安静信号。例如，你可以手举一个小充气棕榈树来表示你需要"积极的暂停"。

工具提示：一个词

1. 一个词，往往是一次友好的提醒所需要的全部。
2. 要避免的一个词是"不要"。相反，要试着说：
   - "铅笔"，提醒学生拿出铅笔做笔记。
   - "眼睛"，当学生们在学习中需要仔细看时。
   - "书"，提示学生们准备好自己的书。
   - "打扫卫生"，作为对学生离开教室之前需要做的事情的提醒。
   - "解决方案"，作为对孩子们吵架或打架时的提醒。
3. 对于需要用到多种感官的说明，要将"非语言信号"和"一个词"结合起来。

工具应用实例——伊利诺伊州尤里卡市

通常，我们老师们会说很多话，然后还奇怪孩子们为什么充耳不闻。一个典型的例子，就是我教的一年级班的课间休息。我注意到自己不停地说天气如何、孩子们需要穿什么，以及需要做什么来向我表明他们准备好了。当孩子们只想到外面去玩时，又会有另一次说教。

我决定尝试正面管教的"一个词"这个工具。当时间快到课间休息时，我会看看课程表，看看时钟，然后说："课间休息。"看着孩子们相互看看，再看看我，然后开始准备，真是既有趣又令人满足。我会拿起外套，向教室门口走去。孩子们会平静地在我后面排成队。我回头看一眼，就能看见他们准备好了，甚至比平时更安静——他们可能震惊了——然后我们就出发。

这是为我省的又一份精力，并且，我注意到学生们都很配合，似乎很喜欢我少说话。我相信，我的行为表明了对他们知道如何为课间休息做好准备的能力的尊重。

当我的说教太多时，我没有表达对他们的信任（"表达信任"是正面管教的另一个工具）。当我少说时，他们就有空间运用他们的内在能力，自己想办法解决问题。

——迪娜·埃姆斯（Dina Emser），布鲁明·格鲁夫学校前主任

注册正面管教高级导师

研究这么说

一项旨在减少捣乱行为的对课堂管理干预进行的综合分析表明，运用各种各样的非语言提示，比如走到学生身边，或者无声的信号（例如：手指放到嘴唇上表示安静），对于让那些不在状态的学生将精力重新集中在课堂上是极其有效的。此外，事先安排好的非语言信号，比如老师举起一只手示意学生落座，在这篇文献中是

被推荐的。[1]麦克劳德（McLeod）在报告中说，有效的教师会运用包括靠近学生（尤其是走到出问题的地方）等课堂管理技巧来鼓励学生关注老师。学校文化对学生的行为会产生影响。与那些对学校不满的学生相比，那些对学校满意的学生受到的口头训斥较少。而且，在出现问题时，有效的教师靠近问题出现的地方，因而能快速而安静地做出反应。[2]

---

[1] McLeod, J. (2003). Managing administrative tasks, transitions, and interruptions. In J. McLeod, J. Fisher, and G. Hoover, The Key Elements of Classroom Management: Managing Time and Space, Student Behavior, and Instructional Strategies. Alexandria, VA: Association for Supervision and Curriculum Development.——作者注

[2] Stronge, J. H., J. M. Checkley, and P. Steinhorn. (2007). Qualities of Effective Teachers. 2nd ed. Alexandria, VA: Association for Supervision and Curriculum Development.——作者注

做出乎意料的事情

如果教师屈服于自己的冲动反应，意识不到其含义，她就会强化孩子们的错误目的，而不是纠正它。

——鲁道夫·德雷克斯

研究表明，有效的教师在对问题情形做出回应时，有更大的自发性和灵活性。运用惊喜或幽默，会有助于以一种积极的方式转移学生的行为。

很多老师发现，当他们想大声喊叫的时候，实际上低声说话并保持平静会更有效。一位老师会拿起扩音器，小声对着它说话。另一位老师则用夸张的手语来引

BACALL

起他的学生们注意。自发地做出乎意料的事情能够引起学生们的注意，保持他们的兴趣，并帮助他们保持专注。

理解学生的不良行为背后有一个隐藏的目的（见第17页开始的四个"理解错误目的"），能够帮助老师们避免落入冲动反应的陷阱，冲动反应实际上可能会强化学生的不良行为。例如，如果一个学生的错误目的是寻求过度关注，老师的冲动反应可能是通过唠叨或哄劝给予负面的关注。运用"幽默"，可以是让这个学生组织一次笑话比赛，并让其他学生报名参加。

如果一个学生的目的是"寻求权力"，而你发现自己陷入了权力之争，你可以拿出一副玩具拳击手套，并以开玩笑的方式说："下课后来见我。"当然，只有在你的幽默很明显的情况下，这种办法才会有效。在用幽默缓和局面之后，你可以接着说："我意识到我们陷入了权力之争，我很关心你，不想和你争斗。让我们平静下来，然后再一起解决问题。"

当你理解了不良行为背后的目的时，你就能看到"做出乎意料的事情"会如何有帮助。

工具应用实例——伊利诺伊州尤里卡市

随着我对正面管教了解得越来越多，我越能记住作为一个孩子的感受。"做出乎意料的事情"这个工具让我能以有趣而好玩的方式得到学生们的合作，并为孩子们和我打破当时的紧张气氛。当孩子们在上课时分心的时候，我会走过去，开始对着墙壁或窗户说话，描述我正在试图教给孩子们的东西。

如果他们说话，我就回到讲台看书，开始唱一首很傻的歌；或者走到一个学生的课桌旁，请他站起来和我一起做运动。一旦其他孩子注意到，我会示意他们和我俩一起做。

"做出乎意料的事情"使我们都能从当时的压力中解脱出来，

做一些运动、听听音乐或做有趣的事情，然后以更好的精力重新上课。这有助于我避免作为一名老师的专横和易怒，并记住他们都是孩子——他们喜欢娱乐和惊喜。

——迪娜·埃姆斯（Dina Emser）

布鲁明·格鲁夫学校前任主任

注册正面管教高级导师

工具应用实例——加利福尼亚州圣地亚哥市

有一天，在课间休息后排队回教室时，我的特殊教育班的学生们似乎都失控了。我没有大声喊叫，而是坐在地上，等着他们注意到我。很快，每个孩子都安静了下来。他们好奇地看着我。有一个孩子甚至要帮助我站起来。

——杰基·弗里德曼（Jackie Freedman）

四、五年级特殊教育助理

注册正面管教讲师

工具提示

1. 播放一些充满活力的音乐，并宣布跳舞时间到了。几分钟后，关上音乐，宣布该上课了。

2. 为引起学生们的注意，站到你的讲桌上，并且一个字也别说，或者躺在地板上（这可能不是你的风格，但我们认识这样做过的老师）。

3. 换座位。要说："每个人都拿上自己的书，换到另一个座位上。"这个办法能迅速地在那些上课时好说话或者被挨着自己的同学分心的学生中带来改变。

研究这么说

埃默（Emmer）和斯托（Stough）总结了有关课堂管理的关键作用的研究，确认了老师需要有能力瞬间做出决策。[1]有效的老师能自如地对困难情形做出自发反应。对老师做决策的研究表明，老师需要根据情形的需要迅速调整管理方法。研究还表明，当学生们变得焦躁不安时，新老师通常不太愿意改变一个任务。这种无法对不断变化的课堂要求进行评估和响应的能力的缺失，会降低老师的有效性。

---

[1] Emmer, E. T., and L. Stough. (2001). Classroom management: A critical part of educational psychology, with implications for teacher education. Educational Psychologist 36, 103–112.——作者注

有限制的选择

我们无法保护孩子免于生活。因而，帮助他们为人生做好准备是至关重要的。

——鲁道夫·德雷克斯

如果学生们就按老师说的去做，难道不是很好吗？毕竟，老师知道他们需要什么，所以为什么还要让他们选择呢？

为了回答这个问题，让我们回到本书的开头，我们在那里列出了希望孩子们具备的品格和人生技能的清单，比如自立、自我调节、尊重自己和他人、责任感、解决问题的能力等等。这些

"总而言之，请做对的事情。"

技能不是通过盲目服从能够学会的。当老师运用正面管教工具让学生反复练习之后，这些技能才会培养出来。

另外，没有选择会让人产生一种无力感并反叛。有选择，即使是有限制的选择，会造成一种让学生思考并做出选择的有益的力量感以及对学生的鼓励。当他们感觉受到鼓励时，他们会更可能选择合作。

当学生对于"做什么"不能选择，但对"如何做""在哪里做"或者"何时做"可以做出一定的选择时，有限制的选择是最适合的。学生们对于做作业可能没有选择，但他们可以选择何时做，以及如何做。

如果你的学生不想从有限制的选择中挑选一个，而是想做别的事情怎么办？如果这件别的事情是你可以接受的，那很好。如果不是，你就说："那不是一个选择。"然后，重复你给出的选择，并紧接着说一句："你来决定。"

如果有限制的选择仍然不起作用，你就要变成一个行为侦探。或许，你在纠正之前没有建立连接。或许，你没有认可学生的感受或观点。或许，另一个工具会更有效，比如启发式问题、共同解决问题或把问题放到班会议程上。

下面的"工具应用实例"提供了一位老师的例子，她在提供一个有限制的选择之前，为形成连接和理解，运用了很多正面管教工具。

工具应用实例——佐治亚州亚特兰大市

在我教的学前班里，来了一个新生叫欧文，他一直不做自己的作业，特别是在上午的语言艺术课版块。作为一名新来的学生，欧文对这种转学过渡期很难适应。他经常难以控制自己的情绪，表现得难以忍受挫折。在每天的班会上，欧文不向同学们致谢。在解决问题环节，他经常寻求那些只对他有益的解决方案。

与欧文父母的交谈，帮助我更好地理解了他。他的父母说，欧文是独生子，父亲和母亲的工作时间都很长，而且经常出差。欧文的父母坦率地承认，当他们和孩子在一起时，他们会避免冲突，因为一家人在一起的时间太少了。欧文在班里逃避难做的事情，从他的家人和家庭生活背景来看是说得通的。

我经常用有限制的选择来帮助指导学生们的行为。一旦我了解了欧文完全有能力做他的作业，只是在逃避他特别不喜欢的事情，我就决定用有限制的选择来激励欧文，并引导他培养一种对作业更负责任的理念。

我第一次对欧文用有限制的选择时，他有点难以控制自己的情绪，但是，这个工具像有魔力一样有效。我让全班同学写他们在这一学年到目前为止最喜欢的"超级孩子"。欧文没有开始写，而是在摆弄他铅笔盒里面的文具。于是，我走到他身边，弯下腰，并说："欧文，你可以现在写你最喜欢的人物，或者在十点钟和我一起写。由你决定。"

欧文知道每天的课程安排，知道课间休息就在十点钟。一开始，他抗议说："我不想错过课间休息。我不知道写什么。"

他开始哭了起来，但在之后擦干了眼泪，并且开始写。当学生们在课间出去休息时，我打开了欧文的日记，看了他写的内容："我很难选出我最喜欢的超级孩子。每个孩子都那么好。我喜欢他们每个人。就像我的新学校。每个人都很好，我的朋友也很好。"

看着欧文的日记，我知道我们正在取得进步。他已经决定了要做作业，并赢得课间休息的权利。更重要的是，他已经选择了说出自己对新学校和新朋友的感受。

——梅格·弗雷德里克（Meg Frederick），幼儿教师

工具提示

1. 没有选择，是令人沮丧的。一个有限制的选择，会赋予学生力量。

2. 要提供合适并可接受的选择。

3. 提供至少两种你能接受的可能性。例如：

   · "在今天的自习时间，你想读这本书，还是做作业？"

   · "现在做什么会对你有帮助，去我们的冷静太空，还是使用选择轮？"

   · "你愿意交工整的手写报告，还是打印的报告？"

   · "你愿意坐在这儿，还是那儿？"

   · "你们愿意把这个问题放到班会议程上，还是用解决问题的4个步骤（见第213页）一起找到一个解决方案？"

4. 要记住，即便是有限制的选择，在你纠正之前先建立连接才会更有效。

研究这么说

研究表明，给学生们提供有限制的选择，在减少他们的问题行为的同时，能增强其学习动力。[1]有几种基本原理解释了为什么这个方法对学生们的学习有帮助。最重要的是，大脑研究表明了处理

---

[1] Kern, L., and K. Parks. (2012). Choice making opportunities for students: Module 4. Virginia Department of Education, Division of Special Education and Student Services.——作者注

选择的脑力活动会怎样让学生更加投入、自我指导，并感觉被赋予了力量，因而增强其内在控制力。科恩（Kern）和帕克斯（Parks）基于他们的研究发现，总结出了一些建议。最重要的是（1）教师不应该将提供选择看作是一种权力或权威的丧失，也不应该为重新获得对学生的控制而取消选择，以及（2）有限制的选择应该被看作是帮助学生感觉到被赋予力量的一种管理方法。

逻辑后果

如果我们允许一个孩子体验其行为的后果，我们就为他提供了一个诚实而真实的学习环境。

——鲁道夫·德雷克斯

打圣诞牌

"我的老师说，如果我继续在班里捣乱，她就会告诉圣诞老人说我淘气。那样，圣诞老人就只会给我带教育类玩具了。"

注意上面引用的德雷克斯的话："如果我们允许一个孩子体验其行为的后果……"允许一个孩子体验后果，与强加后果是有很大不同的，后者通常只是经过拙劣伪装的惩罚。正面管教的允许学生们体验后果，是指相信他们能在一个支持性的环境中从他们的经历中学习。一个支持性的环境，是指去除了全部"我告诉过你会这样"的说教，意味着去除所有的惩罚，意味着不解救，意味着不试图防止所有的错误——除非是那些危及生命或者对自己或他人造成伤害的错误。一旦你遵循了上述所有这些"去除"，创造一个支持性的环境还需要几个"要做"：

1. 要认可你的学生的感受，然后，要相信他们会解决自己的选择造成的后果，并从错误中学习。
2. 可以问他们是否需要帮助。如果他们回答"是的"：
   a）问他们是否愿意把遇到的问题放到班会议程上，以便他们的同学可以用头脑风暴找到有帮助的解决方案。
   b）帮助学生们通过"交谈型启发式问题"（见第121页）探索他们的选择或行为的后果。这样，学生们就会被温和地引领着经历一个能让他们自己"把事情彻底想清楚"的回答问题的过程。

强加的逻辑后果（惩罚），是为了确保学生为他们做过的事情付出代价。另一方面，帮助学生探究其行为的原因和结果，会帮助他们从做过的事情中学习。

正面管教不提倡外部控制（即奖励和惩罚）。正面管教关注的是长期结果。正面管教的每个工具教给学生的都是内在的自我控制，并帮助学生们致力于一个找出问题并寻找解决方案的过程。

对于那些一直依赖于建立在奖励和惩罚基础之上的管理制度的教育工作者来说，"不要再用逻辑后果，至少要很少用"这个观念是一个重大的范式转变。那些努力做出这种转变的教师经常会问："为什么不可以用小贴纸作为对好行为的奖励——尤其是学生们喜欢小贴纸？"或者"难道做出不良行为的学生不应该被叫到校长办公室，或者面对一些负面后果吗？"

消除强加后果，需要从严重依赖采用奖励和惩罚的外部强化

（研究表明从长远来看并没有效果）转向以相互尊重和内在控制为基础的课堂管理办法。

在某些情况下，逻辑后果是恰当的。要记住：特权＝责任。当学生不想承担责任时，对他们来说，失去相应的特权可能是恰当的。

3R和1H是一个很好的工具，能帮助你确定什么时候一个行为的后果是自然的、合乎逻辑的，而不是伪装的惩罚。如果满足3R和1H，对于承担责任的学生来说，后果就是一个解决方案。

3R和1H标准

1. 相关的（Related）
2. 尊重的（Respectful）
3. 合理的（Reasonable）
4. 有帮助的（Helpful）

让学生体验他们的行为的结果，对他们的成长是很重要的。然而，太多的时候，老师们（和父母们）会解救学生，阻碍他们从事情的自然发展中学习。如果　个学生忘记了什么东西，而老师解救了他，学生就没有机会体验忘事的真实后果。当学生被解救时，他们就无法培养出对自己独立处理问题的能力的自信。

试一试下面这个活动，会帮助你更好地理解惩罚、奖励、逻辑后果和专注于解决方案的长期结果。

对待挑战的四个选择

1.拿出一张白纸，将其分成四个象限，在纸的顶部留出一点空间。想想你在一个学生那里遇到的挑战。将其写在纸的顶部。

2.在每个象限的上部分别写上以下管教方法：惩罚，奖励，逻辑后果，专注于解决方案。

3. 接下来，在每个象限中描述每种管教方法在你面对的挑战中看上去是怎样的。在每个象限要分别写上几条描述。

4. 现在，假装你是这个出现问题的学生。当你看每个象限中的管教方法的描述时，要注意你的想法、感受和决定。

5. 看看引言中的"绘制目标路线图"，并审视一下"挑战"清单以及"品格和人生技能"清单。哪种管教方法会激励你去学习"品格和人生技能"清单中的任何一项？哪种管教方法会激发你做出"挑战"清单中的任何一种行为？

很多做过这个活动的老师都体验到了奖励和惩罚如何短期有效，但无法教给学生我们希望他们学会的那些品格和人生技能。在运用得当时，逻辑后果可能会有效。然而，在大多数情况下，专注于解决方案会产生最佳的长期结果。

工具应用实例——厄瓜多尔瓜亚基尔

正面管教已经给我的课堂环境带来了戏剧性的积极变化。在这之前，我一直为自己管理课堂的技巧和创造积极班级环境的能力感到自豪。我以前的学生都体验到这样一种氛围：问题一出现，我们就指出来，以一种尊重和适当的方式解决它，并根据需要确定谁承担什么后果。然而，我们没有意识到，这些后果事实上经常是伪装的惩罚。

在参加过正面管教工作坊之后，我开始认识到我们并没有真正解决问题。当然，我们会指出存在的问题，找到一种处理问题的办法（往往有一个后果），希望学生已经吸取教训，然后继续前进。然而，我们没有关注问题的根源，而且学生们在整个过程中参与也不多。现在，我的所有学生都知道，在我的班级里，我们会专注于真正的解决方案。

现在，解决方案几乎完全来自学生们。他们不仅很投入地解决自己的问题，而且会帮助别人对他们的问题寻找尊重的解决方案。

在我的方法有这种改变之前，学生们会带着一个问题来找我，期待我实施一个后果作为一种补救。现在，学生们依然会带着问题来找我，但是，他们要求的帮助不一样了。他们会说："马西斯先生，我和约翰讨论了我们之间存在的一个问题，但我们没能找到解决办法。我能把这个问题放到下次班会的议程上吗？"这个新的办法已经完全消除了"打小报告"的心态，并改变了学生们思考解决问题的方式。

——杰里米·马西斯（Jeremy Mathis），泛美中学四年级教师
注册正面管教学校讲师

工具提示

1. 要帮助学生们探究他们的选择造成的后果。

2. 当看上去适合运用逻辑后果时，要确保它符合"特权=责任"这个公式。这里有两个例子：

  · "当你带着一个如何尊重地使用特权的计划来找我时，你就可以和你的朋友坐在一起了。"

  · "你可以通过给全班上一节特别的单元课，来弥补你没交作业。"

3. 只要有可能，就专注于解决方案。

研究这么说

　　早期学习的社会和情感基础研究中心，是一个向全美国传播童年早期项目研究成果和经过实践证实的做法的全国性资源中心。该中心的研究确定了逻辑后果的有效性，尤其是在与其他正面方法结合使用的时候。[①]这些研究的样本包括一些表现出不服从、攻击性和对抗行为的幼儿，重点关注的是不同种族和社会经济背景的多风险因素的家庭。帮助学生们理解他们的选择的因果关系，并体验这些选择的逻辑后果，对这些学生有明显而长久的好处。另一方面，研究表明，惩罚（不幸的是，这比逻辑后果用得更多）并没有长期的积极效果。[②]事实上，惩罚可能会导致恐惧，这会对学习造成消极影响。惩罚对学习的动力和专注力有负面影响。而且，学生们为避免惩罚可能会学会取悦老师，而不是为自己的发展去获取技能和知识。在体罚的情况下，学生可能会变得畏惧并躲避惩罚者，并会对学校产生负面的感受和看法。

[①] Fox, L., and S. Langhans. (2005). Logical consequences: Brief 18. From What Works Briefs, Center on the Social and Emotional Foundations for Early Learning, Vanderbilt University.——作者注

[②] NASP (2002). Fair and effective discipline for all students: Best practice strategies for educators. Fact sheet. National Association of School Psychologists.——作者注

信任学生

教育者必须相信学生的潜在能力，而且，他在寻求让学生体验这种能力的过程中，必须运用自己的全部技能。

——阿尔弗雷德·阿德勒

"我会闭上眼睛并捂住耳朵。我希望搬走我的椅子、桌子和黑板的同学能把它们还回来。"

信任学生意味着什么？这不是指放弃学生，让他们自己去搞清楚一切，而是意味着对他们能够处理多少事情有更多的信任，即便这意味着他们不得不经历艰难。信任，意味着知道他们能够从经历一些艰难中受益。随着学生们了解自己的能力所及，经历的艰难会增强他们的韧性和能力感。而且，最重要的是，信任你的学生意味着赋予他们运用自己的内在智慧的力量，并敢于处理一些在成年人看来不可能的挑战。

你可以通过认可他们的感受，提供支持来激发他们思考。你也可以使用启发式问题进行引导（见第116页"激励型启发式问题"，以及第121页"交谈型启发式问题"）。你通过以不解救、不替他们解决问题、不控制来表达对他们的信任，并让学生们参与帮助和解决问题。

耐心，可能是对学生表达信任最困难的部分。替学生解决问题，似乎总是显得更方便。如果你认为教学就意味着学生应该是知识的被动接收者，或者如果你试图通过奖励和惩罚来解决冲突，就尤其会如此。

德雷克斯指出，学生会知道你是否真的信任他们以及他们奋力前行的能力。要允许他们感受一点失望。要允许他们体验自己的感受，并从中走出来。要允许他们自己解决问题。他们在未来会需要这些技能。

鼓励你自己和你的学生，需要大量的信任——信任你自己，信任学生，信任正面管教工具能产生你期待的效果。当你看下面"工具应用实例"的故事时，要注意这位老师的和善、坚定，以及她对自己、对学生、对所用工具的信任。

工具应用实例——加利福尼亚州波威市

每个星期五，我的十年级班的英语课都会进行一次词汇测验。上个星期异常繁忙，我们没有太多课堂时间学习周五测验中出现的单词。通常，在进行测验时，我会在教室前面监考。

上周五，乔丹很明显偷看了邻座同学的卷子。我在他耳边小声说："你认为还有别的办法取得好成绩吗？"他立即道了歉。

下课后，所有的学生都离开了教室，但乔丹留了下来。他被自己做的事情吓坏了。他说："罗维斯基老师，真的非常对不起。我只看了一个题的答案，我保证我没有看其他的。"

"好，你下周的计划是什么？"

"我保证我会花更多时间学习，而且我会帮助其他同学学习。"

对下一次的词汇测验，乔丹有取得好成绩的极大动力。在我们的家庭作业筐里，他放了一张纸，上面写着所有的单词，包括定义和例句。当我问起他所有这些额外作业时，他回答说他学习很开心，并且真的想得满分。

——戴安娜·罗维斯基（Diana Loiewski），高中教师
注册正面管教讲师

工具应用实例——法国巴黎

当我看到我的学生们在课堂和家里发生的变化时，我会被正面管教的力量所感动！我最近在班里的一次经历真的令人惊异。

在课间休息时，3岁的马克推了他的朋友亚瑟。他推的太用力，亚瑟摔在了一个树枝上，并且尿湿了裤子。负责课间休息的老师带这两个哭着的小男孩来找我，说："我想看你怎么用正面管教来处理这件事。"

我问发生了什么事。两个男孩都在哭，他们说的我一个字也听不懂。然后，我对马克说："回去玩吧，等你感觉好点儿，我们再谈这件事。"

马克出去了，我开始给亚瑟换尿湿的裤子。5分钟后，马克回来了，告诉我他想跟亚瑟说对不起。我问亚瑟是否可以。亚瑟说可以，于是，马克说："对不起。"我告诉他，可以出去玩儿了。5分钟后，他又回来了，说："我想知道亚瑟还好吗？我愿意帮助他

换裤子，并且和他在一起。"我问亚瑟是否接受马克的想法。很快，他们就一起坐在了长凳上。真可爱啊！最后，他们手拉手一起去外面玩儿了。

——纳丁·戈丹（Nadine Gaudin），学前和小学教师
注册正面管教导师

这个故事很好地说明了成年人往往会把事情搞得比原本复杂得多，因为他们不信任孩子们——既不信任意外发生时他们是无辜的，也不信任他们有同情心和解决问题的能力。纳丁知道，她的孩子们在接通理性大脑并在没有大人介入的情况下解决自己的问题之前，需要一些时间冷静下来。当然，纳丁花时间进行了训练（在孩子们平静的时候），教给了他们关心他人，以及尊重地解决问题。

工具应用实例——加利福尼亚韦斯特市

在一次班会上，一个学生提出了一个希望同学们能解决的问题。在她解释时，我的心往下一沉："让我烦恼的是，在星巴克帮助过我的那位女士得了癌症，我希望我能帮助她。"（见第208～209页"烦恼和愿望"活动）。我静静地坐着，忍着泪水。

谢天谢地！我坐在圆圈的末尾，最后才会轮到我发言。随着发言棒的传递，全班同学兴奋地说着鼓励她并为她筹款的主意。我们没有选择哪个主意，而是尝试了每个主意，并在整个学年中都一直在把我们的爱传递给这位女咖啡师。我们筹到了足够的钱帮助她支付医疗费，偶尔帮她支付房租，还送给她无数的慰问卡和照片！她确实成功地完成了治疗，现在完全恢复了健康！当老师教给学生们解决问题的技能，并信任他们的能力时，就能赋予学生们培养非凡

的、鼓舞人心的社会兴趣的力量。

——乔伊·萨科（Joy Sacco），卡登学校
注册正面管教讲师

工具应用实例——加利福尼亚州佩塔卢马市

三十多年来，我每年都会阅读简·尼尔森的《正面管教》。在我的蒙台梭利课堂上，我一直在运用她的"相关、尊重以及合理的"工具，每年还为我们学校新生的父母们举办一次读书会。

我始终记得的一个忠告是："事情在变好之前会变得更糟。"当一个孩子生活中的大人设立一个公平的限制，并和善、超脱地坚持到底时，对之不习惯的孩子会试探大人设立的限制，看看他们是否会让步。驾驭这种不适感的波涛，而不是拱手认输，并说"正面管教这东西不管用"，可能是最大的挑战之一，但是，其积极的长期效果要远比永远不断地"拍打落在身上的苍蝇"好得多。你就是得信任它们。

最近，我们的一群3～6岁的孩子就试探了这种信任。正如每天早上做的第一件事一样，我们一起吃完了点心。我的助教和所有孩子一起坐在地毯上，并说："我一看到每个人都坐下来并做好准备之后，就会招呼你们开始做事。"我们不知道是怎么开始的，但一个孩子开始在地毯上扑腾，很快，所有的孩子都失控了，学着别人或自己做着各种捣乱和不尊重行为。我的助教说："我要离开这里，当你们都坐好之后，我会回来。"

我和我的助教继续做我们自己的事情，同时听着、观察着、做着笔记，并确保每个孩子都安全。有时候，我会一言不发地走过去，把某个孩子手上的东西拿走。孩子们可以喝水，可以上厕所，但不允许他们离开那个区域，直到他们能全部坐下来。一个男孩和

一个女孩被请了出来，因为他们已经坐了一会儿，尽管其他孩子在闹。他俩去做事了。另一个孩子早上没去地毯那里，因为他感官敏感，每天早上都会戴着耳机听音乐。在两小时里——是的，混乱持续了两个小时——他一直在远离混乱的地方，戴着降噪耳机做自己的事情。我给自己和那两个做事的孩子戴上了耳塞。

在这两小时里，孩子们跑来跑去、扔袜子、互相追逐、四处爬、大声喊叫、跳舞、拽衣服、推来搡去、抓人、翻东西、打滚、绊倒，并一直在大声喊叫。有几个孩子喊了几次"大家都坐下！"但没有用，因为这几个孩子自己都没做出榜样。有一次，一个孩子说："大家都变成老师了。"另一个孩子说："很难集中注意力。"

在此期间，我们两个老师保持着友好和超然、爱和坚定的态度。房间里有一只小农场犬，一直被我们轮流抱在怀里。做事的三个孩子做着事，我们也继续和他们一起做着事。我的助教甚至坐了下来，给正在做事的一个孩子读书听。你可以听到吵闹声此起彼伏。后来，吵闹声停了，所有的孩子都坐下了来。

我和助教回到地毯上，并且，我把一个便笺本和一支铅笔递给了助教。她绕着孩子们走了一圈，问道："你们每个人对刚才这里发生的事都做了什么？"一开始，有人试图指责别人，说"他干了这个""她做了那个"，但是，当我们说每个人都参与了捣乱，我们不要责备别人，而要看看自己时，这种指责停止了。然后，每个孩子都诚实地说了自己在这件事中做了什么："我扔袜子、乱跑，追赶别人。""我绕着圈跑，想让朋友们坐到地毯上有他们名字的地方，我还打滚，大喊大叫。"等等。然后，我们问："是怎么停下来的？"他们都说："我坐下来了。"我的助教说："这就是我要问的。"

一个孩子注意到，当老师给大家读书的时候，他的同学们都很安静，于是，他问他是否能领着大家读书。这促使另一个孩子也要求给大家读书。他们两个坐在地毯上的椅子上，轮流给围成一圈的孩子们读书。每个孩子都很专注。

最大的惊喜出现在我对所有午饭前离园的孩子们说下面这句话的时候："该走了，所以，我会叫你们的名字，被叫到名字的孩子把东西拿好，在门口排队。"很多孩子说："你是说该回家了吗？""是的，"我说，"如果你要留下来吃午饭，我会叫你去洗手。"一个孩子问，她是否可以叫孩子们的名字，然后，她优雅而自信地承担起了这个角色。

自从这次事情之后，孩子们没有再在教室制造任何混乱。他们一直在互相提醒解决办法。随后的日子一直更有秩序，这是他们自己希望造成那种秩序的结果。

在我和我的助教最近通过加州托马勒斯的蓝山冥想中心参加的一个家庭课堂上，我在艾内斯·艾斯瓦伦①的一篇名为《行动中的智慧》的文章中，读到这样一段话："如果在我小时候，我的父母从未对我说过'不'，那么，当我长大后，我就会完全无法接受任何人对我说'不'。在与孩子的关系中，爱通常是以在必要的时候能够说'不'表达的……。如果我们不能在必要的时候对自己的孩子说'不'，我们实际上是在教他们更任性。只有当我们充分地超脱我们自己的自我时，我们才能鼓励我们的孩子以他们自己的方式充分发展，要说：'只要你拒绝自私和任性，我们会永远支持你。'"

正如简说过的那样：不要羞辱、指责和惩罚，要带着爱设立限制。

——安德烈·扬（Andree Young），红谷仓蒙台梭利学校

---

① 艾内斯·艾斯瓦伦（Eknath Easwaran，1910年12月7日–1999年10月26日），印度知名的作者和演说家，是全球公认的沉思修行的创始人和永恒智慧的引导人。——译者注

工具提示

1. 表达信任："我相信你们俩能想出一个对你们都管用的解决方案。"

2. 避免解救："要尽你的最大努力，然后，我会帮助你。"当你知道学生们很能干时，解救传达的是你认为他们不能干。

3. 提供一个选择："你是想在班会上得到全班同学的帮助，还是想用选择轮？"

4. 要用鼓励表明对一个学生能力的信任："我注意到你在坚持解决那个问题，即便它对你来说很难。"

5. 要信任学生们在被给予机会的时候，会为感人的社会利益运用他们的力量。

研究这么说

罗森塔尔（Rosenthal）和雅各布森（Jacobson）在1960年的研究，发现学校中普遍存在"皮格马利翁效应"。[1]研究人员特别检验了一个假说：老师对学生潜能的期望与学生的成绩之间有相关性。在他们的研究中，在学年伊始，对一所小学的所有学生进行了非语言智力测试。该测试被伪装成能够预测智力"绽放"的测试，并被贴上了"哈佛习得变化测试"的标签。然后，罗森塔尔和雅各布森随机抽取了20%的学生（所以，学生的选择与实际测试成绩无

---

① Rosenthal, R. (1994). Interpersonal expectancy effects: A 30-year perspective. Current Directions in Psychological Science 3, no. 6, 176–179.——作者注

关），却告诉老师们说，这20%是"在平均水平之上"的学生，他们表现出了"非同一般的智力发展潜力"，可以期待他们的学业成绩在该学年结束时将"突飞猛进"。在学年结束时，研究人员对所有学生又进行了测试。与那些没被标记为可能很出色的学生相比，那些被随机标记为"聪明"的孩子的测试分数有显著的更大增长。

这些数据支持了罗森塔尔和雅克布森的假设，即老师的期望和信念会影响学生的成绩。他们的结论是：老师对某些学生的智力的期望，会导致这些学生的智力水平的实际变化，尽管他们是随机选择的学生，只是被研究人员贴上了更有能力"突飞猛进"的标签。

波特兰州立大学的前学校心理学家雅特温（Yatvin）教授指出，罗森塔尔和雅克布森的研究，以及其他学校所做的复制研究，揭示了老师在对学生表现出信任时的力量。[1]雅特温报告中的老师对学生的信任所具有的积极效果，是以非常具体的方式观察到的。教师的一个微笑、点头赞许，或者为一个学生提供更多问题并给予回答的机会以及更亲切的语气，即便这些回应是无意识的，都会以一种积极的方式影响到学生的成绩。

---

[1] Yatvin, J. (2009). Rediscovering the "Pygmalion Effect." Education Week 29, no. 9, 24–25.——作者注

处境相同

如果我们把所有孩子作为一个整体对待——通过让他们处境相同——我们就可以克服现有的激烈竞争及其破坏性后果。

——鲁道夫·德雷克斯

当你让学生们处境相同——也就是说，同等地对待他们——而不是试图搞清楚该责怪谁时，冲突通常就会减少。作为一所小学的心理咨询老师，简很快就知道了这一点。一开始，两个学生因为打架而被送到她的办公室时，她会提出解决问题的建议，但两个学生都不满

"是我扔了哪个纸团吗？"

257

意。他们只是想玩"这不公平"和互相指责的游戏。

有一次，她学到了最好的一课。当两个男孩因为打架被送到她的办公室时，她说："我相信你们两个能解决这个问题。我到办公室外面去，当你们有了解决办法后，可以来告诉我。"不到两分钟，他们就有了解决办法。其中一个男孩说："我撕坏了他的T恤，所以，明天我会给他带来一件，但不一定是新的，因为我撕坏的那件不是新的。"

问谁愿意把问题（或争执）放到班会议程上，也很有效。班会为学生们提供了一起解决问题的技能和练习。他们喜欢学习并重复这句话："你是在寻求责备，还是在寻找解决方案？"

德雷克斯通过指出在一个家庭里的孩子们经常会为得到关注和权力（两种错误目的）而合伙对抗大人，解释了让所有孩子"处境相同"的办法。同龄人在学校里也会做同样的事情，联合起来对付老师。让学生们处境相同，会促进他们为合作找到解决方案而一起努力。

工具应用实例——加利福尼亚州韦斯特市

因为课后托管，两个二年级的男孩来到了我的教室。他们在地板上玩得很好，突然，他俩都跳了起来，并向我跑过来，都喊叫着说对方踢了自己。他们来到我的讲桌旁，拼命地为自己辩解，都试图盖过对方的声音并指责对方。

我告诉他们，不用责备别人，因为孩子们在我的教室里不会陷入麻烦；相反，我们会把事情谈开，并找到解决办法。然后，我问他们是否都愿意对方听听自己怎么说，以便他们能一起找到一个解决办法。他们都说"是"。

然后，我给了他们一张纸，上面有"我"句式作为指导："对于＿＿＿＿＿＿＿＿＿＿我感到＿＿＿＿＿＿＿＿＿，而且我希望_____。"

我让一个男孩先说。他走到另一个孩子面前,大声说:"我感到自己真的很傻,因为我撒谎说你踢了我,我希望我知道怎么解决这件事。"

另一个男孩突然大笑起来,并说:"我感到想笑。我想不出还有什么要说的。"

他们继续去玩游戏了,忘记了发生过的争吵。

——乔伊·萨科(Joy Sacco),卡登学校
注册正面管教导师

工具提示

1. 当学生打架或相互之间出现问题时,不要选边站,而要同等地对待他们。不要提某个学生的名字,而要说:"你们俩。"

2. 给他们一个选择:"你们俩愿意去和平桌、使用选择轮,还是去做一会儿积极的暂停?"

3. 表现出信任:"当你们俩用头脑风暴想出主意,并且有一个你们俩都愿意尝试的解决方案时,来告诉我。"

4. 班会议程:"你们俩愿意把这个问题放到班会议程上吗?"

5. 在班会上练习解决问题,会培养学生们一起解决问题的能力。

研究这么说

让学生们处境相同，是帮助老师们记住把问题归还到学生手中的重要性的一个工具。老师的管理风格会影响整个群体的动力。勒温（Lewin）、利皮特（Lippit）和怀特（White）对群体领导力的经典研究，表明了民主型领导（以相互尊重和合作为基础）有助于学生参与合作解决问题，而不是相互争执。[1]在德雷克斯的很多著作中，他指出了教室如何反映与勒温的模型相吻合的群体动力。德雷克斯用勒温的领导力模型和阿德勒心理学，发展出一种民主的课堂管理模式，来帮助老师们提供自由和秩序。勒温对群体动力的研究表明，与专制型或自由放任型风格相比，这种方法是最好的。尤其是该研究表明了民主型领导如何帮助个体感受到凝聚力，并促进学生们一起解决问题。

---

[1] Lewin, K., R. Lippit, and R. White. (1939). Patterns of aggressive behavior in experimentally created "social climates." Journal of Social Psychology 10, 271–299.——作者注

语气

在很多时候，我们因为自己所用的语气挑起了孩子的不当行为。

——鲁道夫·德雷克斯

你有时会发现自己在用一种高声或不尊重的语气说话，而没有意识到自己在做什么吗？几十年前，鲁道夫·德雷克斯就指出，当我们对自己的学生说话时，他们听到的我们的语气要比我们的言语多。你以前可能经历过这样的事：当班里很吵闹时，老师会提高自己说话的音量，试图控制局面。我们建议用更柔和的语气，甚至小声说话来吸引学生们的注意。这

"把水枪给我，杰罗姆。我在努力保持开朗的性格，你却在这里搞破坏。"

是在做出安静和尊重的行为的榜样。

要试试听自己和其他老师说话。要特别注意你用的语气。当你承受的压力增大时，学生们能够从你的声音中听出来。这就是为什么照顾好你自己（见第293页）那么重要。

语气对于我们如何向单个学生和整个班级传递和善而坚定是至关重要的。太多的时候，一种坚定而不和善的语气会引发一场权力之争。另一方面，和善而不坚定，则会被学生们利用。

你的语气能够传达你对学生的信心和信任。用你的语气，你能迅速认可学生或让他们丧失信心。一种信任、鼓励的语气会帮助学生感觉到更强的连接感——这是帮助学生们在学校体验到归属感和价值感的一个有力的工具。

一个后果和惩罚之间的区别，在你的语气中往往是很明显的。你可以和善而坚定地告诉一个学生，没有及时交作业会降低他的成绩。然而，如果你的语气带着一种威胁，一个正当的逻辑后果就立即变成了惩罚。要记住，你的语气会极大地影响到学生们的感受，以及他们对学校和学习的感知。

工具应用实例——北卡罗莱纳州罗利市

作为一名曾经的高中英语老师和现在的校长，我经常运用正面管教的"语气"这个工具。当我和犯了错误的学生交谈时，用一种温和的声音和平静的语气，会给学生留出仔细考虑自己的行为的情感空间。当学生情绪激动或生气时，用一种平静的语气和低音量会缓和当时的情形。尽量理解学生为什么会做那种选择也是有帮助的。我想让学生看到我们都在努力解决问题，并且，我想让他们也参与。

例如，当一个学生因为走捷径而作弊或做出有损荣誉的事情时，我平静的回应会让学生知道，在我面前他可以安全地想出自己解决问题的办法。我会问类似这样的问题："你能想象这会让别人有什么感受吗？"以及"这能讲得通吗？"并且会给学生时间，挑选出对他有意义的一种回答。

学生们之所以作弊，可能是因为父母给他们施加了他们无法做到的压力，可能是因为他们在时间管理上有困难，或者因为他们想帮助一个不恰当地求助于自己的朋友。学生们往往看不到他们的作弊对同学、老师或对他们自己的影响。我通常会让学生就他们作弊的这些影响写一篇文章，并用头脑风暴为将来的选择找到解决方案。

最后，每一次这种管教情形都会以对结果的正面思考作为结束。我会确保告诉学生，从现在开始，我只会积极地看待他们，并为他们将自己的错误变成了一次学习的经历而感到骄傲。

——汤姆·哈姆伯勒博士（Dr. Tom Humble）
高中校长和AP英语教师

工具应用实例——厄瓜多尔瓜亚基尔

征得我们一位五年级学生的允许，我在此分享她写的一篇论说文中的一段。葆拉是一个可爱的女孩。她之所以决定写这个题目，是因为她的芭蕾学校的舞蹈教师对学生吼叫。葆拉很腼腆，对于大声表达自己的观点，通常都感到很紧张，因为她不想犯错误，并担心别人会对她怎样想。她是一个完美主义者。我认为写出她的经历对她很有帮助。我很惊讶她能够表达她的感受，让我们能更好地了解她。我希望你喜欢她的这篇短文。

——卡琳娜·布斯塔曼特（Karina Bustmante）
学校心理咨询教师，泛美学校
注册正面管教导师

老师不应该对学生吼叫

舞蹈老师为什么对学生们吼叫？除了他们自己，没人知道。是因为他们不喜欢你跳舞的方式，并认为吼叫能让你跳得更好吗？我不知道。我知道的是，他们不应该吼叫，因为这不会让任何事情变得更好。

我一直在思考这种吼叫，因为我不喜欢这种感觉。我就是被吼叫的学生之一。这种感觉很不好。所以，我决定我的论说文就研究这个题目。我想证明，吼叫不会让任何事情变得更好。

很多时候，当一个老师吼叫时，孩子们不会真正地倾听。或者，他们可能只会在老师吼叫的那一刻倾听。在老师把目光移开后，他们就会我行我素。这是因为只有在一个学生想做的时候，行为才会发生。老师对学生越好，学生们就表现得越好，因为他们更喜欢这样的老师。

舞蹈教师通常不会因为学生行为不良而吼叫（有时候他们也会）。舞蹈教师往往会为了让你跳得更好而吼叫。在你跳舞时，他们会大声吼叫着告诉你跳错了。我相信，如果他们只是在你跳完之后和蔼地告诉你如何改进，学生是愿意听的。

吼叫对学生的行为会产生负面影响。学生可能会习惯于老师在发出指令时提高音量。这会让学生只在老师大声吼叫时才听。最终，老师就只能吼叫着发出指令。

有时候，吼叫会让一个老师变得不被学生喜欢。教师吼得越多，学生们越不喜欢他。这会造成学生由于不喜欢老师，而做出不端行为或不听老师的纠正。那样，要吸引学生的注意力就更难了。

你认为吼叫的老师看到过录像带里的自己吗？可能没有。他们应该看看。老师们会看到自己显得多么可怕。他们会看到自己多么不雅。尽管这只是吼叫造成的最小的问题，但这会造成学生真的很讨厌老师。

　　吼叫不只是不雅，而且还会被认为是一种虐待。冲一个孩子大喊大叫会严重损害他的大脑。这几乎是一种比身体伤害更严重的虐待。一些专家说，这是对孩子的安全感和自信心的一种威胁。

　　吼叫对一个孩子大脑的影响，是会造成专注问题。那些在一段时间里经常被吼叫的孩子，会很难集中注意力。无法专注，会影响一个孩子在学校或舞蹈班里的学习。这是因为，如果一个孩子不能保持专注，他就无法学习或很快记住舞蹈动作。这很不好。

——葆拉·莫亚诺（Paula Moyano），五年级学生

工具应用实例——佐治亚州亚特兰大市

　　1971年大学毕业后，我对得到第一份教学工作非常兴奋。更幸运的是，我有一个非常棒的校长。他说："当你想大声吼的时候，要小声说话。"在我37年的教学生涯中，我始终遵循着这一智慧。我的整个教学生涯都成功地运用了这种"小声说话技巧"。这帮助我在即便是最混乱时刻的幼儿园课堂上也能保持平静，并为孩子们做出榜样。如果确实无法吸引孩子们的注意，我不会大声喊叫或采用严厉的语气，而只是把一本大书扔在地板上！教室里很快就会安静下来。

——乔迪·达文波特（Jody Davenport），退休幼儿园教师

工具提示

1. 想一想你的长期目标是鼓励学生，要注意你说话的语气。

2. 如果你花时间坐下来或者站着，以便能看着学生的眼睛，你的语气就会改变。

3. 要留意你的面部表情和身体语言，因为它们都会影响你说话的语气。

4. 如果你用了不尊重的语气，可以道歉。学生们是很宽容的。

5. 要善待你自己，在你说话前要花时间深呼吸（如有需要，可以多休息一会儿）。

研究这么说

　　大脑扫描显示，孩子们对一个成年人说话的语气的反应，要大于对所说话语的反应。研究人员发现，即使是睡眠中的婴儿，也会对不同的语气做出反应。格雷厄姆（Graham）、费希尔（Fisher）和普法伊费尔（Pfeifer）研究了熟睡中的婴儿听到的声音，并发现婴儿对语气的情绪有不同的神经处理反应。[1]用语气传达一种信息，用语言传达另一种信息，对一个孩子的自我意识和安全感会有很大的影响。[2]从更积极的方面而言，研究表明，运用一种积极的、支持性的语气会促进教室里的合作行为，并会让学生取得更好的学习成绩。

---

[1] Graham, A. M., P. A. Fisher, and J. H. Pfeifer. (2013). What sleeping babies hear: A functional fMRI study of interparental conflict and infants' emotion processing. Psychological Science 24, 782–789.——作者注

[2] Lynn, S. (accessed Oct. 2016). How do language and tone affect children's behavior? Our Everyday Life website, http://oureverydaylife.com/language -tone-affect-childrens-behavior-16124.html. ——作者注

幽默感

学习，是在不用担心成功和失败的游戏和玩耍中发生的。

——鲁道夫·德雷克斯

你注意过课堂上适当的幽默能迅速缓解一个问题情形吗？幽默可以帮助学生摆脱战斗、逃跑或僵住的思维。

我们已经知道有的老师会站到桌子上、戴着可笑的帽子、弹出一个小丑鼻子、躺在地板上，用幽默来缓解令人沮丧的情形。尽管这种幽默并不适合每个人，但会很有趣。有些老师会用一个笑话或一幅有

"《如何在学校不学习就取得好成绩》这本书在那边的虚构区。"

趣的卡通画来开始每一节课。

我们想强调的是恰当的幽默。要注意你的幽默不要让任何人感到不舒服。恰当的幽默可以帮助学生们获得新的视角，并且通常会用笑声取代愤怒。

幽默可以通过到达大脑中开启新的学习通路的部分，来增强学习效果。这就是为什么我们会为每个正面管教工具配一张卡通图的原因。我们的座右铭是："笑着学习。"

当然，幽默并不只适用于问题情形。正如你从后面的"研究这么说"将会看到的那样，那些有效地运用幽默的老师会受到学生的尊重和喜爱。

工具应用实例——北卡罗莱纳州罗利市

在高中教文学，给我提供了很多发现幽默的机会。不管你是否有很好的幽默感，当老师在课堂上教的有趣时，学生会意识到他们也可以乐在其中。这种意识会给学习过程带来欢乐，并将学生吸引到学习中来。

记得有一次，我试图让学生们看到一些角色的动机都来自于不安全感。一个思维敏捷的学生——或许是想让我承认我把复杂的人物刻画过于简化了——问道："那么，你是在说每个人都有不安全感吗？"

好极了！"是的。是的，我是这个意思。我也有不安全感。"

我试图用这种假装的不安全感来造成幽默，在老师们通常都不得不维护自己"正确的"外表的教室里制造一个悖论。我们在课堂上会拿成长心态——我们学校的老师们努力要做到的事情——开玩笑。有时候，当我犯了一个错误时，我会做出很糟糕的反应，但我会努力做出在犯错误时保持舒适和幽默的榜样。

现在，我的学生会注意到新闻中的"成长心态"，并对此开玩笑。但是，随着玩笑而来的是一种获得自由的感觉。如果关注点在于成长，那么学生们会发现一种掌控、承担风险，以及欣赏他人错误（而不是审查）的自由。

我发现，一个有笑声的教室，会给学习带来快乐。我不但在寻找让学生学会知识的"啊哈"时刻，也在寻找让他们快乐的"哈哈"时刻。

——汤姆·哈姆伯勒博士（Dr.Tom Humble）

高中校长和AP英语教师

工具提示

1. 在用非语言信号，比如眨眼和微笑，表达"得了吧，不行"时，如果带着一种幽默感，会很有效。

2. 要鼓励你的学生把笑话和漫画带到班里分享。

3. 对于什么时候幽默可能不合适（被当作讽刺或羞辱），要保持敏感。

4. 要教给孩子们在角色扮演时运用幽默（有时是以夸张的形式）。

研究这么说

研究表明，当老师有效地运用幽默时，学生们会以多种方式受益。尤其是学生们会感觉与老师有更好的连接，并且他们的学习

269

会得到改善。另外，研究表明，课堂上恰当的幽默会让学生更有动力，而且，他们的学习成绩也会更好。[1]事实上，学生们说他们更看重老师的个人和社会素质，而不是老师的智力能力。学生们明显很看重老师的幽默感，而且研究支持了老师利用幽默创造积极的学习环境，并愿意在课堂上分享笑话所带来的好处。[2]

[1]Wanzer, M. B., A. B. Frymier, A. M. Wojtaszczyk, and T. Smith. (2006). Appropriate and inappropriate uses of humor by teachers. Communication Education 55, no. 2, 178–196. DOI: 10.1080/03634520600566132.——作者注

[2] Stronge, J. H., J. M. Checkley, and P. Steinhorn. (2007). Qualities of Effective Teachers. 2nd ed. Alexandria, VA: Association for Supervision and Curriculum Development.——作者注

决定你怎么做

要保持一致。如果你设立了限制，就要坚持。如果你说了"不"，就说到做到，不要改变主意。

——鲁道夫·德雷克斯

正面管教非常强调让学生参与寻找解决方案、认可他们的感受、问他们问题、理解他们的行为、与他们连接等等。你是否想知道："那我呢？"

实际上，所有这些都与你有关。让学生参与做决定，会最大限度地减少他们的不当行为，并增加你作为

"宠物训练学校还可以，但是，老师用惩罚来回应我们的不当行为。我从来没学过任何有长期效果的行为矫正方法，所以，我仍然会大叫并忽视命令。"

271

一名老师的乐趣。当学生感觉受到鼓励时，你也会感觉受到鼓励。

而且，有时候你不需要让学生参与。你可以决定你怎么做。要和善而坚定地告知学生，并和善而坚定地坚持到底。要注意"和善而坚定"中的"而"。如果你让学生们更多地参与，而不是你为他们做决定，那是最好的，但是，你要相信自己的判断力，相信自己知道什么时候该怎么做。

有一天，简正在观察四年级的一个班，学生们有点捣乱。老师变得很安静，并且似乎在盯着教室后面的墙，那里有一个钟表。孩子们开始小声说："她在计数。安静。"很快，所有的学生都在课桌前安静地坐着了，老师开始上课。

后来，简问这位老师："你要数到多少，数到之后会做什么？"

这位老师说："哦，我没有数数。我只是决定，在他们准备好之前我不上课。他们以为我在数数，就安静下来了。这个方法对我来说很管用。"

"决定你怎么做"这个工具，会帮助老师们成功地实施和善而坚定的课堂管理，这是研究认为会提高教师效能的一种方法。

工具应用实例——伊利诺伊州尤里卡市

我们所有人都带过一些令人终身难忘的班级。我最难忘的是一群超级聪明、很有创造力的一年级学生！这些孩子中的大多数要么是家里的第一个孩子，要么就是独生子女，他们都习惯了让别人听自己的。我记得，我有时候会感觉他们能比我更好地安排一天的事情。

每天放学的时候，我会感觉累得骨头都快散架了，因为试图和这些孩子抢着说话，我喉咙嘶哑，声音疲惫。我决定尝试一些不同的做法，决定我怎么做，而不再试图改变孩子们的做法。

我从家里带来一本从图书馆借的书，并告诉全班同学，我不想再为了让他们听到而提高嗓门说话。当他们不听讲的时候，我会走到我的讲桌旁，把我的书拿出来读，直到他们准备好听课。

他们看上去有点惊讶，并且，那天开始得很好。看上去好像即便只是事先警告他们我计划怎么做，也对他们有帮助，对我也有帮助。不过，那天晚些时候，他们中的几个人跟旁边的人说话、聊天，声音越来越大，而我差点忘记我的计划。然而，就在我提高嗓门投入战斗之前，我自己发觉了。我走到我的讲桌旁，拿出了书，开始看起来。啊，真好啊！

没用多长时间，孩子们就注意到了，然后就是一片"嘘"的声音。几个领头的孩子小声说着简洁的指令，孩子们全都安静了下来。我等了一分钟，然后静静地放下书，回到了他们中间，对他们的行为没有说任何话。

我很惊讶自己的行为会那么快地影响到孩子们的行为。我保持了我的自尊，尊重了班里的孩子们，并且感觉精力更好了。这为处理教室里的吵闹和捣乱开了一个很好的先例。对我来说，最大的收获是，每天结束时，我对自己的行为都感觉很好。

——迪娜·埃姆斯（Dina Emser）

布鲁明·格鲁夫学校前任主任

注册正面管教高级导师

工具应用实例——俄勒冈州波特兰市

在"启智计划"的一个教室里的自由玩耍时间，一个叫阿德南的4岁男孩总是把另外几个孩子搭好的积木推倒，并且，他在之后会大笑。那几个孩子和老师一直都试图阻止他。阿德南也总是答应不再这么做。

最后，一位参加过正面管教培训的老师对他说："阿德南，你的朋友们真的很生你的气。我无法阻止你打翻搭好的积木，只有你自己能做到。不过，让我来告诉你我会怎么做。如果你再打翻一次积木，我会让你到教室的另一边去玩。"

这位老师跟阿德南核实了他对将会发生的事情的理解。他明确说如果他再打翻积木，他就需要到其他地方去玩。

几分钟后，阿德南又打翻了积木。老师非常平静地说："阿德南，我需要你换一个地方去玩。"阿德南看上去很震惊，大声叫着说他不会再打翻积木了。老师平静地重复说他还是需要离开。阿德南试图绕过她，跑到积木区，但她只是拦住他，并指向另一个区域。

阿德南大哭着去了戏剧表演区。几分钟后，他走过来问自己是否可以回到积木区。老师告诉他，午餐后可以再试试。她还问他会有什么改变。他说："我不会再把东西打翻了。"老师明智地问他会怎么做。他回答说："我会问乔伊我能不能帮助她搭积木。"

午餐后，阿德南和乔伊一起搭起了积木。

——史蒂文·福斯特（Steven Foster），特殊教育老师

注册正面管教高级导师

《特殊需求孩子的正面管教》合著者

工具应用实例——加利福尼亚州圣地亚哥市

我的特殊教育班里的男孩们总是在走廊里跑着冲向午餐区。有一天，我说："如果你们这些男孩子总是跑，我就会让你们回到教室里，重新走着去。"那天午餐时，我跟在男孩子们后面去午餐区，看到他们又在跑。我站到他们前面，和善而坚定地提醒了他们我说过的话。当他们开始抱怨时，我摇着头，指着教室的方向说："再试一次。"在翻着白眼抱怨了一会儿之后，他们走回了教室，

重新朝着午餐区走去。

———杰基·弗里德曼（Jackie Freedman）

四、五年级特殊教育助理

注册正面管教讲师

工具提示

1. 通常，最有效的方法是让学生参与做决定。然而，有时候，恰当的做法是决定你怎么做。比如：

- "我会在星期一布置本周的家庭作业，并会给按时交回的作业打满分。"
- "在你们让我看到你们准备好学习时，我就开始上课。"
- "放学后，我会在教室里待30分钟，回答任何额外的问题。"

2. 要确保将你说了要做的事情坚持到底。（见第177页"约定和坚持到底"）

研究这么说

课堂研究运用细致的观察、描述和评估来帮助老师们找到有效的行动方案。[①]沃克（Walker）在报告中说，权威型的课堂管理风

---

① Emmer, E. T., and L. Stough. (2000). Classroom management: A critical part of educational psychology, with implications for teacher education. Educational Psychologist 36, 103–112.——作者注

格（以"和善而坚定"为特点，因为它在关注明确的秩序与安排的同时，关注教师与学生的关系）会积极地影响学生的学业和社会能力的发展。在权威型教室里的学生成绩更好。沃克还说，权威型教师能降低辍学率。[1]另一方面，研究表明，放任娇纵型的管理风格（老师过于和善，缺乏坚定或行动方案）对学生的学业成绩以及社会和情感发展都有负面影响。[2]

[1] Walker, J. M. (2009). Authoritative classroom management: How control and nurturance work together. Theory into Practice 48, 122–129.——作者注
[2] Chamundeswari, S. (2013). Teacher management styles and their influence on performance and leadership development among students at the secondary level. International Journal of Academic Research in Progressive Education and Development 2, no. 1, 367–418.——作者注

不要回击顶嘴

在冲突发生的时刻，语言是没有意义的；只有行动才管用。

——鲁道夫·德雷克斯

在看过卡通画的文字之后，你可能会问："你在开玩笑吗？当我的学生告诉我去见鬼时，你想让我听出他没有说出来的那些话？我必须大声而清晰地让这个学生知道，他不能这样和我说话。"

我们知道。这做起来很难。即便在一个学生说的话不那么让人激愤时，比如"这是一个愚蠢的作业"，可能也需

"如果你想和一个捣乱的孩子沟通，要学会听出他没有说出来的那些话。"

277

要一个圣徒才能克制住为显示谁说了算而立即反击："好吧，你可以去找校长谈这件事！"

由于我们不是圣徒，我们怎么才能避免对顶嘴做出反应呢？

一些实用的技巧会帮助你做好准备。第一个技巧是，尽量听出那些没有说出来的话，并倾听行为背后的信念。这个学生实际上是在说"我讨厌被人指使得团团转，所以我拒绝接受一个不能对我造成身体伤害的人这么做"？或者甚至是"当你不尊重地对待我时，我拒绝尊重地对待你"？也许，这个学生的感受跟你没任何关系。你的学生跟你顶嘴，可能是因为他在外面的世界感觉受到了伤害，而你们的教室是他觉得可以表达自己的沮丧感的唯一安全的地方。

我们可以对话语背后的信念做出一百种猜测，但你明白我们的意思。每一种行为的背后都有一个隐藏的信念。当老师们能够处理这种行为背后的信念以及隐藏的对归属感的需要时，他们就能更好地鼓励学生。是的，顶嘴背后的隐藏信息是一种需要——一种归属的需要，一种被认可的需要，一种连接的需要，一种对希望的需要，一种对技能的需要。本章卡通画的标题可以是："……倾听学生的需要。"

当你对一个学生的顶嘴进行反击时，你为学生做出的正是让你苦恼的行为的榜样。相反，你要做几次深呼吸，并准备好对学生的需要抱有好奇的探寻之心。要做出尊重与关爱的榜样，而非不尊重的榜样。

下面这个活动可以增强你对回击顶嘴的认知，并提供一些你可以练习的主动回应方式。我们先提供一些老师对顶嘴的典型回应，然后介绍一些能够改变你和学生的人生的回应方式。

假装你是一个学生。注意你在听到老师像下面这样回击你的顶嘴时，你有什么想法、感受和决定。

1."别这样跟我说话，小丫头！"

2. "你以为伶牙俐齿能让你走多远？"

3. "你被留校了。在你学会尊重别人之前，不要回去上课！"

4. "取消你的课间休息。你可以坐在反思椅上，直到你准备好道歉。"

5. "倒不如给你一张上面印着你的名字的红牌。"

6. "你现在可以把'我要尊重别人'在明天早上之前写五百遍。"

如果你是这个学生，你感觉老师的这些话会刺激你做出怎样的回应？你是想合作、反抗、退缩还是报复？我们猜测可能是后三个选项中的任一种。

现在，再次想象你是这个学生。你会如何对老师的下面这些话做出反应？

1. "嗯，我想知道我做了什么让你这么生气。"

2. "哇！你真的生气了。你想多告诉我一些吗？"

3. "我需要安静地坐下来，做几次深呼吸，直到我能尊重地对待你。"

4. "现在怎么做才能对我们有帮助——做一会儿积极的暂停，还是把这个问题放到班会议程上？"

5. "我知道这么生气是什么感觉。我很高兴我们有在平静下来的时候解决问题的技能。"

6. "你知道我真的关心你吗？"

如果你是听到老师说这些话的学生，你会有什么想法、感受，并决定如何回应？很有可能，你会感觉到一种连接感，并且可能会感觉受到鼓励去改变自己的行为。

工具应用实例——来自简

有一次，工作坊在做了一个理解行为背后信念的体验式活动之后，我们开始休息。一位八年级的老师回他自己的班里去看代课老师上课的情况。在路上，他看到两个学生在打架。当他试图拉架时，一个学生说："你滚开。"

这位老师没有反击，而是轻轻地按住这个学生的胳膊，并说："我能看出来你现在有多么生气。来跟我一起走走。"

这个学生猛地抽回了自己的胳膊，但开始隔着半步跟在后面走。这位老师说："我猜有什么事情让你感觉受到了伤害。你想聊聊吗？"

这个学生可能对这种突如其来的和善而非预料中的惩罚感到了不知所措。不管是什么原因，泪水涌上了他的眼眶。他告诉老师，他因为跟哥哥的争吵而感到多么愤怒（对伤心的一种掩饰）。

老师只是倾听着，直到这个学生说完并平静下来。然后，他说："你知道我为什么知道你因为什么事情感觉受到了伤害吗？当你说'你滚开'时，让我感觉受到了伤害。我知道你一般不会这么说话，除非你感觉受到了伤害，需要反击任何妨碍你的人。我很高兴你感觉和我谈是安全的。我很高兴你知道我关心你。你愿意放学后来找我吗？我们可以讨论一些对你可能有帮助的主意。"

回到工作坊之后，这位老师把这件事情告诉了我们。他请大家用头脑风暴想一些他跟这个学生再见面时说些什么的主意。大家提出了几个主意，比如做一个"愤怒选择轮"，但这位老师最喜欢的主意是花时间和这个学生聊聊他最喜欢做的事情。他甚至不会提及这件不愉快的事情，除非那个学生先提起。关注这个学生生活中积极的事情，会帮助他看到自己有力量让自己不受哥哥奚落的影响。这位老师深深地了解鼓励（通过和这个学生共度特别时光）对激励行为变化的力量。

工具提示

1. 在回击学生的顶嘴时，很多老师做出的是与他们想教给学生的完全相反的榜样。

2. 要避免把顶嘴看作是针对你的——尽管这很不容易。

3. 要想象这个学生穿着一件写有"我很伤心。认可我的感受（而不是我说的话）"的T恤。

4. 可以说："哎哟。这让人感觉很伤人，并且不尊重。我需要时间平静一下，然后才能和你讨论这件事。"

5. 要确保你在平静下来并能够处理行为背后的信念时，回去找这个学生。

研究这么说

学生们会把那些避免嘲笑学生，或者避免造成学生在同龄人面前感到尴尬的情形（如果一个老师选择回击顶嘴，就可能出现这种尴尬情形）的老师，视为有效的老师。研究表明了老师运用积极的反射式倾听技巧的重要性。学生们认为，最好的老师是那些关注并在意他们想要说什么的老师。一位教师以尊重、关爱的态度与学生沟通并做出回应的能力，与学生以学业成绩为衡量标准的成功是直接相关的。[1]

[1] Slate, J. R., M. M. Capraro, and A. J. Onwuegbuzi. (2007). Students' stories of their best and poorest K–5 teachers: A mixed data analysis. Journal of Educational Research and Policy Studies 7, 53–77.——作者注

控制你自己的行为

仅仅通过改变自己，我们就能改变我们的整个人生和周围人的态度。

——鲁道夫·德雷克斯

"我的幸运纸条上说，如果你先控制你自己的行为，你就会成功地让学生们控制他们的行为。"

当你不控制自己的行为时，你有时候期望你的学生控制他们的行为吗？我们不是要让你内疚，而是想让你意识到这个问题。我们经常会发现，我们在以自己一旦花时间冷静下来并评估自己的行为就不会感到自豪的方式行事。

老师们是不完美的，学生们也不完美。在受到挑战时，做出被动反应是很正常的。我们需要自己能够学会的所有工具，来帮助我们更好地控制自己的行为，以及在我们行为失控时能够帮助我们通过道歉来修复错误的技能。正如我们说过很多次的那样，当我们花时间真诚地道歉时，学生们是非常宽容的。

有人说，如果你知道得更多，你就会做得更好。这不一定是真的。有时候，我们知道得很多，但仍然会陷入被动反应中，并在当时忘记自己知道的一切。当我们平静下来时，我们往往又对自己太挑剔。要看看"错误是学习的好机会"（第78页）和"矫正错误的四个R"（第79页）。要运用这些工具，并教给你的学生运用。目标是改进，而不是完美。因而，你可以教一些你自己还没有完全掌握的技能，以便你能做出将错误看作是学习机会的榜样。

当你需要冷静下来时，可以让你的学生知道你正在做"暂停"。在试图解决一个问题之前，要让自己离开当时的情形，平静下来并控制自己的情绪。如果你不能离开现场，要数到十，或者做几次深呼吸。

冷静下来之后，要道歉。通过道歉，你会在教室里创造一种连接，一种亲密感和信任感。在这样的氛围中，你们就能一起寻找解决方案。当你做出这种愿意学习的榜样时，你的学生会以你为榜样，并专注于寻找解决方案。

工具应用实例——加利福尼亚州圣何塞市

在我们的父母合作幼儿园里，我们帮助父母们在我们繁忙的教室里工作时控制自己的行为的方法之一，就是让他们知道，当他们自己的孩子卷入教室里的冲突时，他们可以和另一位父母"出局"。

在同时有多达24个活蹦乱跳的学龄前儿童的教室里，有很多机会帮助孩子们解决冲突。很多父母都说，当他们自己的孩子卷

正面管教教师工具

入冲突时，他们往往会感觉到更大的挑战，并且更容易"失去理智"。很多次，她们"大熊妈妈"的本能会爆发，并给课堂纪律造成问题。

在父母班会上，我们达成了一致，如果一位父母自己的孩子卷入了冲突，这位父母可以离开，他或她可以请别的父母或老师进行干预，以帮助孩子们解决冲突。这位父母可以到教室里的其他地方去，之后再被告知最新的情况。知道自己可以离开，而且其他父母不会对他们有坏印象，这种安全感已经在教室里造成了一种大人之间彼此支持的文化，并且帮助每个人保持冷静和控制自己的行为。

——凯西·川上（Cathy Kawakami），爱尔玛顿父母合作幼儿园
注册正面管教导师

工具提示

1. 要记住，榜样是最好的老师，所以，要花时间想想你做出的是什么榜样。

2. 像学生一样，很多老师往往会被动地反应，而不是深思熟虑地回应。要准备一张记录表，记录一周内你做出被动反应而不是深思熟虑的回应的每一个情形的日期和时间。

3. 当你注意到自己在被动反应时，要有一个帮助你控制自己行为的计划。要选择一个很容易教给学生并能运用的计划。例如，深呼吸，数到10，或者把手放在自己的心口。

4. 当你做出被动反应时，最好要道歉。请见"矫正错误的四个R"（第79页）和"了解大脑"（第182页）。

研究这么说

社会学习理论家阿尔伯特·班杜拉（Albert Bandura）认为，大多数行为是通过观察榜样而习得的。[1]班杜拉的经典研究证实了正面管教工具"控制你自己的行为"的重要性。他的研究显示了学生们如何观察身边成年人的行为，并模仿他们所看到的。或许，班杜拉最著名的研究是对3～6岁的36个男孩和36个女孩，以及一名男性和一名女性角色榜样所进行的。在看过两个成年人角色榜样的一个视频短片后，那些被单独留在有与短片中同样道具的房间里的孩子们，会模仿他们在短片中看到的行为。[2]

对班杜拉学习理论的认识，已经影响了课堂教学。对有效的课堂教学的研究，支持了"榜样"是学业、社会和情感学习的有效教学工具的结论。此外，研究还表明，榜样可以用于不同的学科以及不同的年级和不同能力水平的班里。[3]哈伯（Harbour）、爱维诺维奇（Evanovich）、斯维加特（Sweigart）和休斯（Hughes）对为让学生获得最大限度成功的有证据支持的做法进行了回顾总结。这些做法包括做出理想的学业和社会行为榜样。[4]

[1] Bandura, A. (1986). Social Foundations of Thought and Action: A Social Cognitive Theory. Englewood Cliffs, NJ: Prentice-Hall.——作者注

[2] Bandura, A., D. Ross, and S. A. Ross. (1961). Transmission of aggression through imitation of aggressive models. Journal of Abnormal and Social Psychology 63, 575–582.——作者注

[3] Duplass, J. (2006). Middle and High School Teaching: Methods, Standards, and Best Practices. Boston: Houghton Mifflin.——作者注

[4] Harbour, K. E., L. L. Evanovich, C. A. Sweigart, and L. E. Hughes. (2015). A brief review of effective teaching practices that maximize student engagement. Preventing School Failure 59, no. 1, 5–13.——作者注

教师帮助教师

如果人们知道如何将自己的知识用于全人类的利益，我们就会到达天堂。

——鲁道夫·德雷克斯

太多的时候，老师们感觉自己在班里单独教课时被隔绝了来自成年人的支持。他们可能不会寻求同事的帮助，因为担心如果承认自己有时候在如何处理学生的挑战行为时会遇到困难，就会失去可信度。"教师帮助教师"这个工具是一个有14个步骤的流程（由琳·洛特和简·尼尔森开发），使教师们能在一种鼓励性的氛围中学会相互支持。在这个过程中，他们会对学生丧失信心的行为背后的信念以及很多具体的鼓励方式获得很多洞察。

由于这是一个强有力的流程，很多老师都很感激他们通过"教室里的正面管教"工作坊（时间和地点详见www.positivediscipline.org）练习这些解决问题的步骤所得到的帮助。如果你想和自己当地的教师一起练习，你可以用下面的步骤来组织自己的"教师帮助教师"流程。

教师互助解决问题步骤

1. 请一位志愿者老师坐在你旁边。解释什么是"教师互助解决问题步骤"，以及他现在作为一名共同带领者如何和你一起来帮助大家。

2. 请另一位志愿者做抄写员，在一张挂纸上写下第一位老师的名字、教的年级，以及给他造成挑战的学生的名字（编个假名字）。

3. 让这位老师给他关切的问题起一个新闻标题式（只需几个词）的名称。请那些有类似关切和感觉的老师举手示意。（这对这位自愿要得到帮助的老师是一种鼓舞，因为你可以指出他会帮助多少人。）

4. 请这位老师描述上一次挑战发生的情形，要提供足够的细节，以便进行一次简短的（也许60秒）角色扮演。为了帮助他描述得更具体，要问："你做了什么，说了什么？那个学生做了什么，说了什么？然后发生了什么？"

5. 问这位老师："你有什么感受？"如果他难以确定一种感受（或者说"我感到很沮丧"），要给他看"错误目的表"中的感受那一列（第6～9页，第2列），并让他选择最接近的感受。问大家："你们有多少人有同样的感受？"

6. 这位老师和其他人现在可以在第1列找到错误目的，在第5列找到行为背后的信念。要指出这只是一个可行的假设，并迅速进入下一步。

7. 问这位老师："你愿意尝试一些新方法吗？"

8. 进行角色扮演。请这位老师扮演那个学生。请几位志愿者扮演其他角色（学生以及2～3名旁观者），从他们听到的对问题的描述的那些话开始。要提醒他们，可以扮演得有趣并夸张一些。

9. 一旦你认为大家已经体验到了感受，并做出了决定（通常用不了一分钟），就停止角色扮演。从扮演学生的那位老师开始，问参加角色扮演的人，作为自己扮演的那个角色有什么想法、感受和决定。

10. 请大家做头脑风暴，想出这位老师可以尝试的一些建议。要确保大家将建议说给挂纸前的抄写员，以免那位作为志愿者的老师感觉自己受到了各种建议的轰炸。为便于大家想出办法，要让他们参考"错误目的表"的最后一栏，运用自己的个人智慧提出建议，或者可以看看《正面管教教师工具卡》[①]。

11. 让这位老师选择一个建议进行尝试（即便他声称已经尝试过所有这些建议）。

12. 让参与角色扮演的几位志愿者根据这位老师选择的建议做角色扮演，这位老师要扮演他自己（以便他能够练习）。（如果选择的是一个惩罚性建议，就让这位老师扮演学生，以便他能体验那个学生的反应）。在角色扮演结束后，从扮演学生的那个人开始，问每个扮演者的想法、感受和决定。

13. 让这位老师承诺将他选择的建议尝试一个星期，并向大家报告结果。

---

① 《正面管教教师工具卡》，简·尼尔森 等著，张宏武 译，北京联合出版公司，2017年12月出版。——译者注

14. 请大家对作为志愿者的这位老师表达感激：他们从观看整个过程中学到了什么？他们看到了哪些可以采用的方法？

你可能想在一个2~3人的小组中尝试这些步骤，以便熟悉其用法。大多数人很难坚持遵循这些步骤。他们想提供太多的信息，并分析每一件事情。阿德勒学派有一个原则叫作"整体论"，其含义是每一个小的部分都和整体相关，这有助于解释为什么避免过度分析很重要。从本质上来说，如果你能够处理可以被角色扮演出来的一个小部分，并找到对这个小部分有效的解决方案，整体将会改变，而你对更大的问题的答案也会变得很清晰。通过坚持这些步骤，每个人都会获得洞察力并学会鼓励的方法，即便是在解决方案看上去不起作用的时候。

这些步骤是按照阿德勒学派的模式精心设计的（并已经使用了三十多年）。如果我们引入更多的信息，或者给出比这些步骤所要求的更多建议，这个模式就不会起作用。要坚持练习。你将学会如何运用这个模式，并对其结构感到更自如。

当进行角色扮演的人自然而然地扮演（而不是严格按照那位老师描述的当时情形的每一句话）时，大量的信息会涌现出来。在一次"教师互助解决问题"的过程中，简扮演一位面对一个目中无人的孩子的老师，这个"孩子"对她提出的任何合作请求都不做回应。她作为那位老师感觉到的挫折是如此令人难以忍受，以至于她的唯一反应是说："你这个小讨厌鬼。"

那位真正的老师大笑起来，并说："这就是我当时的感受。"在描述当时的情景时，她可能不允许自己意识到这就是她当时的感受和想法，但是，当它在角色扮演中呈现出来时，她感到如释重负——她感到自己被理解了。这时，她更愿意找到鼓励她的学生的办法（并在这个过程中鼓励她自己）。

用头脑风暴寻找解决办法，会产生一些让那位真正的老师在第二次角色扮演中进行尝试的好主意。其他的每个人都会感觉受到鼓励和支持，因为，即使是观察者都能发现并得到一些可以用在自己学生身上的工具和主意。

工具应用实例——伊利诺伊州布卢明顿市

我们的老师会在两周一次的员工会议上运用"教师互助解决问题步骤"。经过几年时间，我们对这些步骤越来越熟练，并发现整个过程花的时间越来越少。我们经常被我们作为一个团队在整个过程中产生了多少正能量而感到惊讶（至少是在刚开始时），即便会议是在上了漫长的一天课之后举行。

我们每一次都以跟进上次会议上遇到问题的老师解决问题的情况作为开始。通常，这种分享都是相当积极的，并且我们注意到，老师们似乎比他们当初报告问题时受到了更多鼓励来报告他们所做的尝试。

我们惊讶地注意到，很多次，老师们在参加下次的会议时都反馈说问题行为在从上次会议以来的两周没有再出现。一开始，我们将此归为巧合——只是一系列奇怪的情形，使得一个曾经让老师很困惑的问题突然从他的教室里连续消失了两周。然而，当这种模式连续地发生时，我们得出了结论，那就是，我们的老师在参加过这些"教师互助解决问题步骤"的会议之后，都受到很大鼓励，以至于他们没有招致那些丧失信心的学生出现同样的行为。他们以某种方式被这个流程改变了——他们不再独自面对挑战。他们坦率地与那些能够倾听并给出可以尝试的最好的解决办法的同事分享。这里没有评判，只有一群敬业的老师的思想和心灵的汇聚，大家一起努力改善与孩子们的关系。

"教师互助解决问题步骤"在我们学校起到了促进团结的作用，赋予了老师们相互支持的力量，赋予了学生们努力做到最好的力量。

——迪娜·埃姆斯（Dina Emser）

布鲁明·格鲁夫学校前任主任

注册正面管教高级导师

工具应用实例——中国

"教师互助解决问题"确实是一个富有成效的流程。我找到另外五位老师和我一起做这个练习。每个人都很喜欢，并学到很多东西。我们进行这个流程是为了帮助一个名叫黛西的孩子，她不愿意回答问题。通过解决问题的步骤，我们得出的结论是，黛西的错误目的是"自暴自弃"，她的信念可能是"我没有归属。我放弃。别理我"。我们用头脑风暴想出了很多工具供她的老师选择。她的老师选择了"信任"和"花时间训练"。

我们都知道信任这个流程的重要性。例如，在第二轮角色扮演中，那位老师扮演她自己，另一个人扮演黛西。当黛西拒绝回答问题，并藏到桌子底下时，那位老师就问了一个更容易的问题。当这也不管用时，她变得很焦虑，并想放弃，而不是做她说自己要做的事情——信任并花时间训练。当我问"黛西"有什么感受、想法和决定时，那位扮演她的老师告诉我们，她知道如果自己拒绝回答，老师就会放弃她，不会再叫她回答问题。听到这些话，她的老师突然意识到为什么她已经尝试了所有办法，但都不管用：黛西能感觉到老师对她不信任，并且会放弃她。

无论是这位志愿者，还是其他参与者，都学到了他们需要坚持做自己说好要做的事情，而不是重复自己以前的行为模式。

——翟霞（Zhai Xia），注册正面管教讲师

工具提示

1. 要和几位老师一起练习运用"教师互助解决问题步骤"（详见《教室里的正面管教》）。

2. 每月至少一次，请一位老师描述一个挑战情形，让全体教师能够参与解决问题的步骤。

3. 在教职员工活动室准备一个特殊的文件夹，以便需要帮助的老师能在那里登记自己关切的问题。

4. 要记住保密。尽管"教师互助解决问题"是一个能鼓励人的过程，但当别人听到断章取义的细节时，可能会无法理解。

研究这么说

教师同行咨询的做法会影响教师的效能，并对教师培训、教育领导力和授课具有重要影响。[1]同行咨询会建立一种集体合作的文化，并带来教师的成长和信心。正面管教"教师互助解决问题步骤"为合作和支持提供了一个具体的框架。教师的集体意识是影响学生集体意识的一个重要变量。[2]毫不奇怪，做出恰当的人际交往技能的榜样，会影响学生的社会能力和情感的成长。教师的集体意识与他们的工作满意度和教师整体效能直接相关。[3]

---

[1] Blase, J., and J. Blase. (2006). Teachers Bringing Out the Best in Teachers: A Guide to Peer Consultation for Administrators and Teachers. Thousand Oaks, CA: Corwin Press.——作者注

[2] Royal, M., and R. J. Rossi. (1997) Schools as communities. ERIC Digest 111——作者注

[3] McVittie, J. D. (2003). Research supporting Positive Discipline in homes, schools, and communities. Positive Discipline Association.——作者注

照顾好你自己

优秀的教师……会努力预防生病并照顾好自己的身体，以便自己在最佳状态教学。你的学生们需要你在教室里状态良好并充满热情。

——鲁道夫·德雷克斯

照顾好你自己，是你能给你的学生的最好礼物。这可能很难，因为老师们通常起得很早，每天工作时间很长。如今，作为工作职责的一部分，老师经常被要求监督课外活动。指导体育活动、监督学业俱乐部以及参加下午和晚上的学校活动，使得老师们的工作量很大。更不用说老师一天的

"那是我的急救包。里面装有冥想磁带、阿司匹林以及玫瑰色的眼镜。"

工作涉及到的事情比直接上课多得多——午餐值日、校车接送、走廊监督，以及在课前课后帮助个别学生，都是大多数班主任理所当然的职责。

说实话，大多数老师甚至没法在需要时去洗手间，因为学生们不能被留在教室里没人管。说了这么多，重要的是要记住，给自己留点时间、晚上有充足的睡眠并提前做好计划，以便你能吃好，并保持身体的水分，从长远来看会带来极大的不同。那些有自我照料计划的老师不大可能生病或体验到工作倦怠，而且更有可能对学生保持耐心。

活 动

在一次教师会议上或几个教师在一起时，要花一些时间设立个人目标并互相鼓励。对于这个活动，要分成2~3人的小组。

1.首先，花几分钟时间，自己确定3~5个自我照料的个人目标。把每一个都写下来。这可以作为你接下来的自我照料计划的一个指南。

2.在你的小组里分享自己的自我照料目标。在分享时，要尽可能具体。要想一想追踪你的进展的方法。例如：如果你计划每周走路三次，就要在日历上将具体日期标出来，每次走完后做个标记，以记录你的成功。

3.用头脑风暴想出有助于保持自我照料的优先位置的方法。你可以做哪些具体的事情来鼓励自己和他人？

4.在你的小组做一个约定，定期检查彼此的进展情况，并为小组成员坚持到底提供鼓励和支持。

研究表明，定期花时间做计划并进行自我照料，可以极大地减轻压力，并提高自我效能。教师们有很多时间约束，并且日程繁忙。通常，只需几分钟分享和相互支持，就能带来很大变化。当老师们聚在一起并相互连接时，就会建立团体凝聚力的意识。事实上，研究表明，归属感可以作为一种降低整体压力的保护性因素。

工具应用实例——法国巴黎

当我意识到自我照料很重要时，我开始观察自己，并意识到，当我疲惫的时候，我会在班里更多地大声喊叫并更多地惩罚学生。我会很容易生气，并偏离我的和善而坚定的行为方式。所以，我决定更多地进行自我照料。

作为一名教师，我觉得这很难做到，因为我总是先考虑我的学生。我总是考虑我的班级以及怎样把活动做得更好，把事情组织得对孩子们既有教育意义又好玩儿。准备很重要；然而，如果我累了，不管准备做得多么充分，我都会偏离轨道。

我现在知道了自己必须早点睡觉，知道自己必须休息一下，在一天的教学后必须放松，要经常看望我的朋友们，并要尽量每周做三次运动。做这些事情影响了我的教学方式，并且使我成为了自己想成为的那种老师。

我对待学生的方式取决于我如何照顾好自己。作为一名教师，照顾好自己是一种责任。

——纳丁·戈丹（Nadine Gaudin），*学前和小学教师*
注册正面管教导师

工具应用实例——秘鲁利马

正面管教要求我们相信孩子们有能力决定如何对他们遇到的情形做出反应，并相信他们有适应这个世界的能力。这种理念给了我以一种更亲近、更尊重、更坚定和更关爱的方式与学生们打交道的工具。对我来说，这些工具在专业和个人方面都是非常宝贵的。它们不仅改变了我的教学方式，而且改变了我个人，并且每天都在继续改变我。我相信，我对自己有多关爱和友好，就会对孩子们有多关爱和友好。我相信如果我能够把自己的错误看作是成长与学习的机会，那么，当我的学生犯错误时，我也会保持耐心。因而，正面管教不仅适用于教室，而且会为你自己增添色彩。这是我能够想到的最好的自我照料。

——桑德拉·科莫纳斯（Sandra Colmenares），三年级教师

注册正面管教讲师

工具提示

1. 把你喜欢做的滋养你的心灵、身体、头脑和灵魂的事情列成一个清单。

2. 拿出你的日历，每天为自己留出一些时间。

3. 对于给自己留出的时间，或者花时间与那些能让你精力充沛并感到快乐的人待在一起，不要有任何内疚感。

4. 坚持写感恩日志。

5. 当你需要时，就寻求帮助。毕竟，你不是在要求你不愿意给予别人的东西。要允许别人给你恩惠。

6. 大笑，并从错误中学习——是你给予自己和他人的另一个伟大礼物。

研究这么说

实习教师们在参加自我照料计划后，都说自己的教学更成功。自我照料提高了他们自我监控和识别"压力信号"的能力。[1]艾尔达（Eldar）及其同事对三位刚从事教学工作的老师进行了一年的追踪研究，并与他们中的每个人面谈，以评估他们在教师支持方面遇到的困难。[2]与教师的压力和职业倦怠有关的重要因素包括：他们在学校的舒适感，校长和其他教师同事的支持，老师与学生的关系，以及对工作的态度。另外，埃默（Emmer）和斯托（Stough）总结了老师们的情绪会如何影响课堂管理和职业倦怠。[3]他们的结论是，教师的培训课程应该包括教师的情绪会如何影响课堂决策。

在荷兰进行的一项为期五个月的纵向研究，显示了老师们对自己在课堂管理和情绪压力方面自认为的低自我效能感会如何先于教师的职业倦怠而出现。[4]研究人员报告了教师的自我效能感、职业压力和职业倦怠之间的关系。我们希望运用《正面管教教师工具》这本书将提高教师的自我效能感，并让他们意识到自我关怀的重要性。

① Yacapsin, M. (2014). Self-care helps student teachers to deal with stress. Women in Higher Education 19, no. 10, 34. DOI: 10.1002/whe.10109.——作者注
② Eldar, E., N. Nabel, C. Schechter, R. Talmor, and K. Mazin. (2003). Anatomy of success and failure: The story of three novice teachers. Educational Research 45, 29–48.——作者注
③ Emmer, E. T., and L. Stough. (2001). Classroom management: A critical part of educational psychology, with implications for teacher education. Educational Psychologist 36, 103–112.——作者注
④ Brouwers, A., and W. Tomic. (2000). A longitudinal study of teacher burnout and perceived self-efficacy in classroom management. Teaching and Teacher Education 16, 239–254.——作者注

想了解更多？

我们要感谢在本书中分享自己的成功故事的世界各地的教师们。如果你是正在读这本书的一名教师或教育工作者，并且这是你第一次接触"正面管教"，或者你只是想了解更多信息，有很多资源可以帮助你学习和运用正面管教工具。

对于想在正面管教领域取得职业发展的人，可以联系一个非盈利组织——"正面管教协会"，该协会为教师提供培训和认证，并为父母们提供养育课程和培训。"正面管教协会"的网址是www.positivediscipline.org。

全球有很多学校都主动运用了"正面管教教师工具"。如果你想与这些教师联系或了解其他资源，请访问www.positivediscipline.com和www.positivediscipline.org。

致 谢

来自两位作者

我们认为学习应该是有趣的。这就是为什么我们想让每一节都以一幅卡通画开始。我们非常欣喜地发现了阿伦·巴考尔（Aaron Bacall）的卡通画。阿伦在成为全职漫画家之前，做过很多年教育工作。我们发现了他专门为教育工作者画的漫画书。在我们签署了使用他的卡通画的合同之后不久，我们就悲痛地得知了他去世的消息。非常感谢他的夫人琳达（Linda）帮助我们完成了合同。人们也很喜欢我们用来说明行为背后的信念的冰山图——无论是概括的描述，还是针对每个错误目的。冰山图是由维萨利亚联合学区的道格·巴奇（Doug Bartsch）绘制并慷慨地赠送我们使用的。

我们非常感激世界各地的教师给我们提供的运用每一种教师工具的大量成功故事。对于这些工具的作用来说，没有什么比来自真实的教师介绍它们如何有效的真实故事更有说服力。

我们永远要感激我们的"根"——阿尔弗雷德·阿德勒和鲁道夫·德雷克斯的概念和原理。他们的理念已经改变了我们的生活，改变了成千上万努力给世界上的孩子们带来积极影响的父母和教师们的生活。

你会注意到，本书中很多教师工具的成功故事来自于在世界各地分享正面管教工具的"注册正面管教导师"。我们要感谢正面管教协会（www.positivediscipline.org），一个负责这些导师的培训和质量保证的非盈利组织。

如果我们相信表扬，它一定属于我们的编辑米歇尔·恩尼克莱瑞克（Michele Eniclerico）。由于我们不相信表扬，所以我们要说的具体一些。米歇尔是一个非常鼓舞人心的人。她有办法让我们的作品更好，而又不让我们感觉糟糕。她认可我们的工作，并且会把它们变得更好，而从不抱怨因重新整理这些章节以便让它们更好理解而造成的巨大工作量。

来自凯莉

我还想感谢所有对我产生影响的教师，尤其感谢那些让我了解阿德勒和德雷克斯的教师。感谢罗伊·科恩博士（Dr. Roy Kern）和比尔·柯勒特博士（Dr. Bill Curlette），你们让我在佐治亚州立大学读研究生期间初次接触了阿德勒心理学。谢谢你们教给我阿德勒和德雷克斯的理论和应用研究的重要性。你们的指导塑造了我的职业生涯和终身抱负。还要感谢达娜·爱德华兹博士（Dr. Dana Edwards），她是第一个让我了解班会对于解决问题和帮助孩子们在学校感觉到自己的能力和连接的力量的人。

《正面管教》

如何不惩罚、不娇纵地有效管教孩子

畅销美国 400 多万册　被翻译为 16 种语言畅销全球

自 1981 年本书第一版出版以来，《正面管教》已经成为管教孩子的"黄金准则"。正面管教是一种既不惩罚也不娇纵的管教方法……孩子只有在一种和善而坚定的气氛中，才能培养出自律、责任感、合作以及自己解决问题的能力，才能学会使他们受益终生的社会技能和人生技能，才能取得良好的学业成绩……如何运用正面管教方法使孩子获得这种能力，就是这本书的主要内容。

简·尼尔森，教育学博士，杰出的心理学家、教育家，加利福尼亚婚姻和家庭执业心理治疗师，美国"正面管教协会"的创始人。曾经担任过 10 年的有关儿童发展的小学、大学心理咨询教师，是众多育儿及养育杂志的顾问。

本书根据英文原版的第三次修订版翻译，该版首印数为 70 多万册。

[美] 简·尼尔森　著

玉冰　译

北京联合出版公司

定价：38.00 元

《正面管教 A-Z》

日常养育难题的 1001 个解决方案

家庭教育畅销书《正面管教》作者力作
以实例讲解不惩罚、不娇纵管教孩子的"黄金准则"

无论你多么爱自己的孩子，在日常养育中，都会有一些让你愤怒、沮丧的时刻，也会有让你绝望的时候。

你是怎么做的？

本书译自英文原版的第 3 版（2007 年出版），包括了最新的信息。你会从中找到不惩罚、不娇纵地解决各种日常养育挑战的实用办法。主题目录，按照 A-Z 的汉语拼音顺序排列，方便查找。你可以迅速找到自己面临的问题，挑出来阅读；也可以通读整本书，为将来可能遇到的问题及其预防做好准备。每个养育难题，都包括 6 步详细的指导：理解你的孩子、你自己和情形，建议，预防问题的出现，孩子们能够学到的生活技能，养育要点，开阔思路。

] 简·尼尔森 琳·洛特

斯蒂芬·格伦　著

莹　译

京联合出版公司

价：45.00 元

《0～3岁孩子的正面管教》

养育0～3岁孩子的"黄金准则"

家庭教育畅销书《正面管教》作者力作

从出生到3岁，是对孩子的一生具有极其重要影响的3年，是孩子的身体、大脑、情感发育和发展的一个至关重要的阶段，也是会让父母们感到疑惑、劳神费力、充满挑战，甚至艰难的一段时期。

正面管教是一种有效而充满关爱、支持的养育方式，自198□年问世以来，已经成为了养育孩子的"黄金准则"，其理论、理念和方法在全世界各地都被越来越多的父母和老师们接受，受到了越来越多父母和老师们的欢迎。

本书全面、详细地介绍了0～3岁孩子的身体、大脑、情感发育和发展的特点，以及如何将正面管教的理念和工具应用于0～□岁孩子的养育中。它将给你提供一种有效而充满关爱、支持的方式，指导你和孩子一起度过这忙碌而令人兴奋的三年。

无论你是一位父母、幼儿园老师，还是一位照料孩子的人，本书都会使你和孩子受益终生。

[美] 简·尼尔森
谢丽尔·欧文
罗丝琳·安·达菲 著
花莹莹 译
北京联合出版公司
定价：42.00 元

《3～6岁孩子的正面管教》

养育3~6岁孩子的"黄金准则"

家庭教育畅销书《正面管教》作者力作

3~6岁的孩子是迷人、可爱的小人儿。他们能分享想法、显□出好奇心、运用崭露头角的幽默感、建立自己的人际关系，并□他们身边的人敞开喜爱和快乐的怀抱。他们还会固执、违抗、□人困惑并让人毫无办法。

正面管教会教给你提供有效而关爱的方式，来指导你的孩□度过这忙碌并且充满挑战的几年。

无论你是一位父母、一位老师或一位照料孩子的人，你都□从本书中发现那些你能真正运用，并且能帮助你给予孩子最好□人生起点的理念和技巧。

[美] 简·尼尔森
谢丽尔·欧文
罗丝琳·安·达菲 著
娟子 译
北京联合出版公司
定价：42.00 元

《十几岁孩子的正面管教》

教给十几岁的孩子人生技能

家庭教育畅销书《正面管教》作者力作
养育十几岁孩子的"黄金准则"

度过十几岁的阶段，对你和你的青春期的孩子来说，可能会像经过一个"战区"。青春期是成长中的一个重要过程。在这个阶段，十几岁的孩子会努力探究自己是谁，并要独立于父母。你的责任，是让自己十几岁的孩子为人生做好准备。

问题是，大多数父母在这个阶段对孩子采用的养育方法，使得情况不是更好，而是更糟了……

本书将帮助你在一种肯定你自己的价值、肯定孩子价值的相互尊重的环境中，教育、支持你的十几岁的孩子，并接受这个过程中的挑战，帮助你的十几岁孩子最大限度地成为具有高度适应能力的成年人。

[美] 简·尼尔森
琳·洛特 著
尹莉莉 译
北京联合出版公司出版
定价：35.00 元

《教室里的正面管教》

培养孩子们学习的勇气、激情和人生技能

家庭教育畅销书《正面管教》作者力作
造就理想班级氛围的"黄金准则"
本书入选中国教育新闻网、中国教师报联合推荐
2014 年度"影响教师 100 本书"TOP10

很多人认为学校的目的就是学习功课，而各种纪律规定应该以学生取得优异的学习成绩为目的。因此，老师们普遍实行的是以奖励和惩罚为基础的管教方法，其目的是为了控制学生。然而，研究表明，除非教给孩子们社会和情感技能，否则他们学习起来会很艰难，并且纪律问题会越来越多。

正面管教是一种不同的方式，它把重点放在创建一个相互尊重和支持的班集体，激发学生们的内在动力去追求学业和社会的成功，使教室成为一个培育人、愉悦和快乐的学习和成长的场所。

这是一种经过数十年实践检验，使全世界数以百万计的教师和学生受益的黄金准则。

[美] 简·尼尔森 琳·洛特
斯蒂芬·格伦 著
译
京联合出版公司出版
价：30.00 元

《特殊需求孩子的正面管教》

帮助孩子学会有价值的社会和人生技能

家庭教育畅销书《正面管教》作者力作

每一个孩子都应该有一个幸福而充实的人生。特殊需求的孩子们有能力积极成长和改变。

运用正面管教的理念和工具，特殊需求的孩子们就能够培养出一种越来越强的能力，为自己的人生承担起责任。在这个过程中，他们会与自己的家里、学校里和群体里的重要的人建立起深入的、令人满意的、合作的关系，从而实现自己的潜能。

[美] 简·尼尔森　史蒂文·福斯特
艾琳·拉斐尔　著
甄颖　译
北京联合出版公司
定价：32.00元

《正面管教养育工具》

赋予孩子力量、培养孩子能力的49种有效方法

家庭教育畅销书正面管教作者力作
不惩罚、不娇纵养育孩子的有效工具

正面管教是一种不惩罚、不娇纵的管教孩子的方式，是为培养孩子们的自律、责任感、合作能力，以及自己解决问题的能力，让他们学会受益终生的社会技能和人生技能，并取得良好的学习成绩。1981年，简·尼尔森博士出版《正面管教》一书，使正面管教的理念逐渐为越来越多的人接受并奉行。如今，正面管教已经成了管教孩子的"黄金准则"。其理念和方法已经传播到将近70个国家和地区，包括：美国、英国、冰岛、荷兰、德国、瑞士、法国、摩洛哥、西班牙、墨西哥、厄瓜多尔、哥伦比亚、秘鲁、智利、巴西、加拿大、中国、中国香港、中国台湾、埃及、韩国等不同文化、不同种族的国家和地区。

本书对经过多年实际检验的49个最有效的正面管教养育工具作了详细介绍。

[美] 简·尼尔森　玛丽·尼尔森·坦
博斯基　布拉德·安吉　著
花莹莹　杨森　张丛林　林展　译
北京联合出版公司
定价：42.00元

《单亲家庭的正面管教》

让单亲家庭的孩子健康、快乐、茁壮成长

家庭教育畅销书正面管教作者力作
单亲父母养育孩子的黄金准则

单亲家庭不是"破碎的家庭"，单亲家庭的孩子也不是注定会失败和令人失望的，有了努力、爱和正面管教养育技能，单亲父母们就能够把自己的孩子培养成有能力的、满足的、成功的人，让单亲家庭成为平静、安全、充满爱的家，而单亲父母自己也会成为一位更健康、平静的父母——以及一个更快乐的人。

[美]简·尼尔森 谢丽尔·欧文
萝尔·德尔泽尔 著
森 张丛林 林展 译
京联合出版公司
价：37.00 元

《孩子，把你的手给我》

与孩子实现真正有效沟通的方法

畅销美国 500 多万册的教子经典，以 31 种语言畅销全世界
彻底改变父母与孩子沟通方式的巨著

本书自 2004 年 9 月由京华出版社自美国引进以来，仅依靠父母和老师的口口相传，就一直高居当当网、卓越网的排行榜。

吉诺特先生是心理学博士、临床心理学家、儿童心理学家、儿科医生；纽约大学研究生院兼职心理学教授、艾德尔菲大学博士后。吉诺特博士的一生并不长，他将其短短的一生致力于儿童心理的研究以及对父母和教师的教育。

父母和孩子之间充满了无休止的小麻烦、阶段性的冲突，以及突如其来的危机……我们相信，只有心理不正常的父母才会做出伤害孩子的反应。但是，不幸的是，即使是那些爱孩子的、为了孩子好的父母也会责备、羞辱、谴责、嘲笑、威胁、收买、惩罚孩子，给孩子定性，或者对孩子唠叨说教……当父母遇到需要具体方法解决具体问题时，那些陈词滥调，像"给孩子更多的爱"、"给她更多关注"或者"给他更多时间"是毫无帮助的。

多年来，我们一直在与父母和孩子打交道，有时以个人的形式，有时以指导小组的形式，有时以养育讲习班的形式。这本书就是这些经验的结晶。这是一个实用的指南，给所有面临日常状况和精神难题的父母提供具体的建议和可取的解决方法。

——摘自《孩子，把你的手给我》一书的"引言"

[美]海姆·G·吉诺特 著
京华出版社出版
价：24.00 元

《孩子，把你的手给我（Ⅱ）》

与十几岁孩子实现真正有效沟通的方法

《孩子，把你的手给我》作者的又一部巨著
彻底改变父母与十几岁孩子的沟通方式

本书是海姆·G·吉诺特博士的又一部经典著作，连续高踞《纽约时报》畅销书排行榜25周，并被翻译成31种语言畅销全球，是父母与十几岁孩子实现真正有效沟通的圣经。

十几岁是一个骚动而混乱、充满压力和风暴的时期，孩子注定会反抗权威和习俗——父母的帮助会被怨恨，指导会被拒绝，关注会被当做攻击。海姆·G·吉诺特博士就如何对十几岁的孩子提供帮助、指导、与孩子沟通提供了详细、有效、具体、可行的方法

[美] 海姆·G·吉诺特 著
张雪兰 译
京华出版社 中央编译出版社
定价：21.00 元

《孩子，把你的手给我（Ⅲ）》

老师与学生实现真正有效沟通的方法

《孩子，把你的手给我》作者最后一部经典巨著
以31种语言畅销全球
彻底改变老师与学生的沟通方式
美国父母和教师协会推荐读物

本书是海姆·G·吉诺特博士的最后一部经典著作，彻底改变了老师与学生的沟通方式，是美国父母和教师协会推荐给全美教师和父母的读物。

老师如何与学生沟通，具有决定性的重要意义。老师们需要具体的技巧，以便有效而人性化地处理教学中随时都会出现的事情——令人烦恼的小事、日常的冲突和突然的危机。在出现问题时，理论是没有用的，有用的只有技巧，如何获得这些技巧来改善教学状况和课堂生活就是本书的重要内容。

书中所讲述的沟通技巧，不仅适用于老师与学生、家长与孩子之间的交流，而且也可以灵活运用于所有的人际交往中，是一种普遍适用的沟通技巧。

[美] 海姆·G·吉诺特 著
张雪兰 译
京华出版社 中央编译出版社
定价：27.00 元

《如何培养孩子的社会能力》

教孩子学会解决冲突和与人相处的技巧

简单小游戏　成就一生大能力
美国全国畅销书（The National Bestseller）
荣获四项美国国家级大奖的经典之作
美国"家长的选择（Parents'Choice Award)"图书奖

　　社会能力就是孩子解决冲突和与人相处的能力，人是社会动物，没有社会能力的孩子很难取得成功。舒尔博士提出的"我能解决问题"法，以教给孩子解决冲突和与人相处的思考技巧为核心，在长达30多年的时间里，在全美各地以及许多其他国家，让家长和孩子们获益匪浅。与其他的养育办法不同，"我能解决问题"法不是由家长或老师告诉孩子怎么想或者怎么做，而是通过对话、游戏和活动等独特的方式教给孩子自己学会怎样解决问题，如何处理与朋友、老师和家人之间的日常冲突，以及寻找各种解决办法并考虑后果，并且能够理解别人的感受。让孩子学会与人和谐相处，成长为一个社会能力强、充满自信的人。

　　默娜·B·舒尔博士，儿童发展心理学家，美国亚拉尼大学心理学教授。她为家长和老师们设计的一套"我能解决问题"训练计划，以及她和乔治·斯派维克（George Spivack）一起所做出的创性研究，荣获了一项美国心理健康协会大奖、三项美国心理学协会大奖。

简单小游戏，成就生大能力
RAISING A THINKING CHILD

如何培养孩子的社会能力
教孩子学会解决冲突和与人相处的技巧

[美]默娜·B·舒尔 特里萨·
伊·迪吉若尼莫 著
雪兰 译
华出版社出版
价：22.00 元

《如何培养孩子的社会能力（II）》

教 8 ～ 12 岁孩子学会解决冲突和与人相处的技巧

全美畅销书《如何培养孩子的社会能力》作者的又一部力作！
让怯懦、内向的孩子变得勇敢、开朗！
让脾气大、攻击性强的孩子变得平和、可亲！
培养一个快乐、自信、社会适应能力强、情商高的孩子

　　8 ～ 12 岁，是孩子进入青春期反叛之前的一个重要时期，是孩子身体、行为、情感和社会能力发展的一个重要分水岭。同时，这也是父母的一个极好的契机——教会孩子自己做出正确决定，自己解决与同龄人、老师、父母的冲突，培养一个快乐、自信、社会适应能力强、情商高的孩子——以便孩子把精力更多地集中在学习上，为他们期待而又担心的中学生活做好准备。

　　本书详细、具体地介绍了将"我能解决问题"法运用于 8 ～ 12 岁孩子的方法和效果。

全美畅销书《如何培养孩子的社会能力》
作者的又一部力作！

如何培养孩子的
社会能力 II

[美]默娜·B·舒尔 著
荣杰 译

Raising A Thinking Preteen

8-12岁孩子
与人相处的技巧

京联合出版公司出版
价：28.00 元

《帮助你的孩子爱上阅读》

0~16 岁亲子阅读指导手册

没有阅读的童年是贫乏的——孩子将错过人生中最大的乐趣之一，以及阅读带来的巨大好处。

阅读不但是学习和教育的基础，而且是孩子未来可能取得成功的一个最重要的标志——比父母的教育背景或社会地位重要得多，这也是父母与自己的孩子建立亲情心理联结的一种神奇方式。

帮助你的孩子爱上阅读，是父母能给予自己孩子的一份最伟大的礼物，一份将伴随孩子一生的爱的礼物。

这是一本简单易懂而且非常实用的亲子阅读指导手册。作者根据不同年龄的孩子的发展特征，将 0~16 岁划分为 0~4 岁、5~7 岁、8~11 岁、12~16 岁四个阶段，告诉父母们在各个年龄阶段应该如何培养孩子的阅读习惯，如何让孩子爱上阅读。

[英] 爱丽森·戴维 著
宋苗 译
北京联合出版公司
定价：26.00 元

《孩子是如何学习的》

畅销美国 200 多万册的教子经典，以 14 种语言畅销全世界

孩子们有一种符合他们自己状况的学习方式，他们对这种方式运用得很自然、很好。这种有效的学习方式会体现在孩子的游戏和试验中，体现在孩子学说话、学阅读、学运动、学绘画、学数学以及其他知识中……对孩子来说，这是他们最有效的学习方式……

约翰·霍特（1923～1985），是教育领域的作家和重要人物，著有 10 本著作，包括《孩子是如何失败的》、《孩子是如何学的》、《永远不太晚》、《学而不倦》。他的作品被翻译成 14 种语言。《孩子是如何学习的》以及它的姊妹篇《孩子是如何失败的》销售超过两百万册，影响了整整一代老师和家长。

[美] 约翰·霍特 著
张雪兰 译
北京联合出版公司
定价：30.00 元

《莫扎特效应》

用音乐唤醒孩子的头脑、健康和创造力

从胎儿到10岁，用音乐的力量帮助孩子成长！
享誉全球的权威指导，被翻译成13种语言！

[美]唐·坎贝尔 著
高慧雯 王玲月 娟子 译
北京联合出版公司出版
定价：32.00元

在本书中，作者全面介绍了音乐对于从胎儿至10岁左右儿童的大脑、身体、情感、社会交往等各方面能力的影响。

本书详细介绍了如何用古典音乐，特别是莫扎特的音乐，以及儿歌的节奏和韵律来促进孩子从出生前到童年中期乃至更大年龄阶段的发展，提高他们的各种学习能力、情感能力和社会交往能力。对于孩子在每个年龄段（出生前到出生，从出生到6个月，从6个月到18个月，从18个月到3岁，从4岁到6岁，从6岁到8岁，从8岁到10岁）的发展适合哪些音乐以及这些音乐的作用都进行了详细的说明。

唐·坎贝尔，古典音乐家、教育家、作家、教师，数十年来致力于研究音乐及其在教育和健展方面的作用，用音乐帮助全世界30多个国家的孩子提高了学习能力和创造性，并体验到了音乐给生活带来的快乐。他是该领域闻名全球、首屈一指的权威。

《从出生到3岁》

婴幼儿能力发展与早期教育权威指南

畅销全球数百万册，被翻译成11种语言

[美]伯顿·L·怀特 著
宋苗 译
北京联合出版公司
定价：39.00元

没有任何问题比人的素质问题更加重要，而一个孩子出生后头3年的经历对于其基本人格的形成有着无可替代的影响……本书是唯一一本完全基于对家庭环境中的婴幼儿及其父母的直接研究而写成的，也是惟一一本经过大量实践检验的经典。本书将0~3岁分为7个阶段，对婴幼儿在每一个阶段的发展特点和父母应该怎样做以及不应该做什么进行了详细的介绍。

本书第一版问世于1975年，一经出版，就立即成为了一部经典之作。伯顿·L·怀特基于自己37年的观察和研究，在这本详细的指导手册中描述了0~3岁婴幼儿在每个月的心理、生理、社会能力和情感发展，为数千万名家长提供了支持和指导。现在，这本经过了全面修订和更新的著作包含了关于养育的最准确的信息与建议。

伯顿·L·怀特，哈佛大学"哈佛学前项目"总负责人，"父母教育中心"（位于美国马萨诸塞州牛顿市）主管，"密苏里'父母是孩子的老师'项目"的设计人。

《实用程序育儿法》

宝宝耳语专家教你解决宝宝喂养、睡眠、情感、教育难题

《妈妈宝宝》、《年轻妈妈之友》、《父母必读》、"北京汇智源教育"联合推荐

本书倡导从宝宝的角度考虑问题，要观察、尊重宝宝，和宝宝沟通——即使宝宝还不会说话。在本书中，作者集自己近30年的经验，详细解释了0～3岁宝宝的喂养、睡眠、情感、教育等各方面问题的有效解决方法。

特蕾西·霍格（Tracy Hogg）世界闻名的实战型育儿专家，被称为"宝宝耳语专家"——她能"听懂"婴儿说话，理解婴儿的感受，看懂婴儿的真正需要。她致力于从婴幼儿的角度考虑问题，在帮助不计其数的新父母和婴幼儿解决问题的过程中，发展了一套独特而有效的育儿和护理方法。

梅林达·布劳，美国《孩子》杂志"新家庭（New Family）专栏的专栏作家，记者。

[美]特蕾西·霍格
梅林达·布劳 著
北京联合出版公司
定价：42.00元

《孩子顶嘴，父母怎么办？》

简单4步法，终结孩子的顶嘴行为

全美畅销书

顶嘴是一种不尊重人的行为，它会毁掉孩子拥有成功、幸福的一生的机会，会使孩子失去父母、朋友、老师等的尊重。

本书是一本专门针对孩子顶嘴问题的畅销家教经典。作者里克尔博士和克劳德博士以著名心理学家阿尔弗雷德·阿德勒的行为学理论为基础，结合自己在家庭教育领域数十年的心理咨询经验，总结出了一套简单、对各个年龄段孩子都能产生最佳效果，而且不会对孩子造成伤害的"四步法"，可以让家长在消耗最少精力的情况下，轻松终结孩子粗鲁的顶嘴行为，为孩子学会正确地与人交流和交往的方式——不仅仅是和家长，也包括他的朋友、老师和未来的上级——奠定良好的基础。

本书包含大量真实案例，可以让读者在最直观而贴近生活的情境中学习如何使用四步法。

奥黛丽·里克尔博士，美国著名心理学家，既是一名经验丰富的教师，也是一名母亲，终生与孩子打交道。卡洛琳·克劳德博士，管理咨询专家，美国白宫儿童与父母会议主席，全国志愿者中心理事。

[美]奥黛丽·里克尔
卡洛琳·克劳德 著
张悦 译
北京联合出版公司
定价：20.00元

《如何读懂孩子的行为》

理解并解决孩子各种行为问题的方法

孩子为什么不好好吃、不好好睡？为什么尿床、随地大便？为什么说脏话？为什么撒谎、偷东西、欺负人？为什么不学习？……这些行为，都是孩子在以一种特殊的方式与父母沟通。

当孩子遇到问题时，他们的表达方式十分有限，往往用行为作为与大人沟通的一种方式……如何读懂孩子这些看似异常行为背后真实的感受和需求，如何解决孩子的这些问题，以及何时应该寻求专业帮助，就是本书的主要内容。

安吉拉·克利福德－波斯顿（Andrea Clifford-Poston），教育心理治疗师、儿童和家庭心理健康专家，在学校、医院和心理诊所与孩子和父母们打交道 30 多年；她曾在查林十字医院（Charing Cross Hospital，建立于 1818 年）的儿童发展中心担任过 16 年的主任教师，在罗汉普顿学院（Roehampton Institute）担任过多年音乐的客座讲师，她还是《泰晤士报》"父母论坛"的长期客座专家，为众多儿童养育畅销杂志撰栏和文章，包括为"幼儿园世界（Nursery World）"撰写了 4 年专栏。

安吉拉·克利福德－波斯顿 著
三 译
联合出版公司出版
32.00 元

《如何培养情感健康的孩子》

孩子必须被满足的 5 大情感需求

畅销美国 250000 多册的家教经典

孩子的情感健康，取决于情感需求是否得到满足。每个孩子都有贯穿一生的 5 大情感需求，满足了这些需求，会为把孩子培养成为自信、理智、有同情心和有公德心的人提供一个良好的基础，让他们更有可能在学业、职场、婚姻和生活中取得成功。

杰拉尔德·纽马克博士既是一位父亲，又是一位教育家、研究员，从事与学校和孩子相关的咨询已经超过 30 年，他在教育领域所取得的卓越成就曾得到美国总统嘉奖。

[美] 杰拉尔德·纽马克 著
工婷 译
京联合出版公司
介: 20.00 元

《孩子爱发脾气，父母怎么办》

孩子发脾气的 11 种潜在原因及解决办法

美国"妈妈的选择"图书金奖

没有哪个孩子会无缘无故地发脾气，也没有哪个孩子在每一件事情上都发脾气。孩子的每一次脾气爆发，都是有原因的，是孩子在试图告诉父母或其他成年人一些什么……有时候，孩子无法用口头方式表达自己的烦恼或不快，而情绪和行为才是他们的语言，为了倾听他们，你必须学会破解这种语言……孩子在小时候改掉发脾气的毛病，在青春期和成年后才能快乐、平和，并有所成就。

道格拉斯·莱利博士，临床心理治疗师，擅长于治疗 3~19 的孩子。他还投入大量精力对父母们进行培训，教给他们改正自己孩子行为的方法和技巧。

［美］道格拉斯·莱利博士 著
王旭 译
北京联合出版公司
定价：28.00 元

《4 年级决定孩子的一生》

（修订版）

我国著名诗人艾青说过：人的一生很漫长，但最关键的却只有那么几步……小学 4 年级就是孩子成长中最关键几步中的一步。

孩子的生长和发育存在若干关键时期，4 年级就是一个重要的时期。4 年级是培养学习能力和情感能力的重要时期，是养成良好的学习习惯和改变不良习惯的最后关键时机。4 年级是培养孩子学习恒心的关键时期。4 年级是小学低年级向高年级的过渡期，孩子开始从被动的学习主体向主动的学习主体转变，学校教育的内容和方式发生的一些明显变化、孩子自身心理和能力的发展都会表现为比较明显的学习分化现象，有些孩子甚至开始出现学习偏科的端倪。

张伟 徐宏江 著
京华出版社出版
定价：24.00 元

孩子的成长要求父母对孩子教育的内容和方式也要随之改变，正确的教育将会起到事半功倍的作用，为孩子一生的成功打下坚实的基础。

本书自 2005 年 5 月出版以来，受到了广大学生家长和教师的热烈欢迎，深圳市将其列为"第六届深圳读书月推荐书目"。

以上图书各大书店、书城、网上书店有售。
团购请垂询：010-65868687
Email：marketing@tianluebook.com
更多畅销经典家教图书，请关注新浪微博"家教经典"（http://weibo.com/jiajiaojingdian）及淘宝网"天略图书"（http://shop33970567.taobao.com）